翻译伦理问题研究与反思

赵迎春　著

中国水利水电出版社
www.waterpub.com.cn
·北京·

内 容 提 要

本书首先对翻译伦理研究进行溯源，从伦理的角度阐述了传统翻译研究的伦理特征、翻译研究中呈现的各种伦理思想和文化转向后的伦理走向，然后对全球化背景下的跨文化伦理进行分析并提出建议，最后针对目前翻译伦理中存在的几个核心问题进行反思，借鉴伦理学研究的“底线伦理”概念，提出以尊重为核心的翻译伦理的最低下限。

本书对翻译伦理问题进行了系统的梳理、阐述、总结及研究，包括七个方面的内容：翻译伦理研究起源、翻译伦理研究现状、传统翻译研究的伦理分析、文化转向后的翻译伦理走向、对译者的伦理制约、全球化背景下跨文化伦理走向和对几个翻译伦理问题的反思。

本书适合外国语言学及应用语言学、翻译理论与实践、翻译伦理学爱好者及科研人员阅读参考。

图书在版编目（CIP）数据

翻译伦理问题研究与反思 / 赵迎春著. -- 北京 ：中国水利水电出版社，2021.4
ISBN 978-7-5170-9512-5

Ⅰ. ①翻… Ⅱ. ①赵… Ⅲ. ①翻译学－伦理学－研究 Ⅳ. ①H059-05

中国版本图书馆CIP数据核字（2021）第053545号

策划编辑：周益丹　　**责任编辑：王玉梅**　　**封面设计：梁　燕**

书　名	翻译伦理问题研究与反思 FANYI LUNLI WENTI YANJIU YU FANSI
作　者	赵迎春　著
出版发行	中国水利水电出版社 （北京市海淀区玉渊潭南路 1 号 D 座　100038） 网址：www.waterpub.com.cn E-mail：mchannel@263.net（万水） sales@waterpub.com.cn 电话：（010）68367658（营销中心）、82562819（万水）
经　售	全国各地新华书店和相关出版物销售网点
排　版	北京万水电子信息有限公司
印　刷	三河市华晨印务有限公司
规　格	170mm×240mm　16 开本　12.5 印张　161 千字
版　次	2021 年 4 月第 1 版　2021 年 4 月第 1 次印刷
定　价	64.00 元

凡购买我社图书，如有缺页、倒页、脱页的，本社营销中心负责调换

版权所有・侵权必究

前　言

伦理学主要研究道德问题，自古希腊开始就属于哲学家的思想领地。当今有学者提出伦理是第一哲学的论断，它研究的内容是人性善恶问题、道德的本质问题、宽恕与正义问题、良知与义务问题等。在漫长的人类历史上，从古希腊亚里士多德的德性理论到中国先秦时期的老子关于“道德”的论述，在人类开始对自身关系行为进行思考的时候伦理研究就已经开始了，也就是说，只要有人类活动的地方就有伦理问题的存在。人类历史发展到今天，随着世界各国交往的规模不断扩大、层次不断加深，全球化的趋势势不可挡，但各民族、文化之间的矛盾随之而来且日益突出。伦理学的研究成果在引领人类如何处理、维持正常的秩序、关系以及如何交往方面具有重大的历史意义。

说到全球化，自然离不开文化全球化问题，而文化全球化与翻译密切相关。在翻译研究的历史、文化语境下，翻译成为一种跨文化交往活动，政治、权力等问题接踵而至，操纵论、后殖民主义、女性主义等研究粉墨登场，各种权力关系在翻译的文化交往活动中发挥支配性作用，翻译成为各种权利话语交锋的场所，译者已经突破了传统翻译研究的范畴，不再是语言层面的“忠实”译者，具有更多的自主抉择的权力。然而，当翻译突破规范性研究后，决策过程必然涉及价值判断，译者做决定的过程是非常艰难的，在伦理道德层面也承担巨大的风险，因为选择需要进行价值判断并具有道德正确的理由，这些理由就成为翻译伦理的抉择标准。可以说，正是翻译研究的文化语境将翻译研究与伦理问题紧密结合起来，使得翻译界对伦理问题的关注不断深入，甚至有学者提出翻译研究的“伦理转向”。

翻译研究的文化语境打开了翻译描写性研究的大门，随之而来的翻译研究学派、后殖民主义、女性主义、解构主义等翻译理论拓宽了翻译研究的视野，但也忽略了翻译的本体研究，过于关注影响翻译的社会政治、历史文化、意识形态等外部文化因素，给翻译研究带来了负面影响，译者主体性过于张扬，甚至各种形式的伪译、错译堂而皇之地冠以“创造性叛逆”的头衔。正如季羡林指出的“中国现在存在严重的翻译危机”，这种危机呼唤翻译伦理的回归，这也是翻译伦理研究的核心原因之一。

当翻译伦理问题引起翻译界的关注之后，人们会发现尽管在相当长的时期里没有明确判断出翻译的伦理属性，但在探索翻译的漫长过程中早已暗含伦理问题的思考，翻译到底应该怎么译、翻译历史上对于“忠实”的描述、对于胡译（乱译）问题的批评等翻译话语无一不涉及翻译中道德的内涵。翻译作为人类的一项社会实践活动，尤其在翻译主体问题研究不断拓展，作者、读者、赞助人等各种主体关系纳入翻译研究的范畴之后，其蕴含的丰富伦理关系凸显出来。翻译研究的文化转向又使得翻译伦理问题更加纷繁复杂，既涉及不同民族跨文化交往层面的平等又涉及在翻译过程中译者的伦理价值观念对翻译的影响，既包括译者个人的伦理也包含译者作为一种职业翻译的伦理，既包括译者的伦理又涵盖读者、赞助人以及翻译批评者的伦理，这些伦理形成翻译研究中一个巨大的伦理关系网络。

20 世纪 80 年代以来，中西翻译界均开始对翻译伦理问题进行探索。法国翻译理论家安托瓦纳·贝尔曼率先提出“翻译伦理”这一概念，倡导“以异为异”的翻译伦理目标，强调尊重和突出原作及其语言和文化差异。受法国哲学家列维纳斯尊重“他者”伦理思想的影响，安东尼·皮姆、切斯特曼、韦努蒂、斯皮瓦克等一大批学者提倡尊重“他者”差异性的翻译伦理，但不知是基于翻译伦理研究的复杂性还是翻译伦理研究的理论障碍瓶颈或其他原因，最近十余年相关翻译伦理的专门著述相对较少了。与西方相比，国内翻译伦理研究的热潮没有减退的迹象，吕俊、许钧、仝亚辉、刘亚猛、王大智、汤君、葛林、申连云等一大批专家学者对翻译伦理问题进行探索，内容涉及译介国外翻译伦理研究成果、运用国外翻译伦理研究成果研究翻译实践问题、翻译伦理学构建、翻译伦理问题的理论探讨、翻译伦理批评等，这对翻译伦理研究的发展具有非常积极的作用，也丰富了我国翻译理论研究。

尽管翻译界认为翻译伦理研究具有重要的意义，然而，不论是西方还是国内，翻译伦理研究依然只能说处于初期或者发展期。目前，存在翻译伦理概念不统一、翻译伦理内容界说不详、翻译伦理学缺乏系统构建、某些伦理理论研究对实践指导意义不大等诸多问题，学者们提出的有关理论在翻译界也缺乏相互认可和统一，在某些伦理规范体系内部也存在着相互矛盾的现象。译者对于翻译到底应该遵循哪些伦理原则？译者在翻译过程中不能逾越的底线伦理是什么？怎样才能确保译者在实践中践行这些伦理原则？这些问题都让译者感觉到无所适从。

对于一个翻译伦理的探索者而言，面对翻译伦理研究本身的复杂性以及各种层出不穷的相关著述，会感觉进行这一领域的研究是一个巨大的挑战。从广义的角度而言，伦理学本身是一个非常宽泛的学科，所有的翻译行为、翻译过程中的任何一个决策、任何一种翻译理论似乎都可以从伦理视角进行审视或解读，仅仅对翻译伦理问题进行全面、系统的梳理或述评都将是一个艰巨无比的任务，更不要说对翻译伦理学进行系统的构建。本研究将主要试图对翻译界伦理研究的当代进展进行梳理、述评以及对一些重点关注的问题进行反思，这也是将本研究命名为《翻译伦理问题研究与反思》的原因。

准确地说，本书以笔者多年来对翻译文化、伦理的研究［主要包括笔者主持或主要参与的湖南省教育厅科学研究项目“翻译伦理的变迁与新型伦理的构建”（10C0009）、湖南省哲学社会科学基金项目“译者主体性的发挥和制约”（12YBA017）、湖南省哲学社会成果评审委员会“文化相对主义和翻译”（0806052B）等项目］为基础，将对翻译伦理领域的探索进行系统、深入的归纳、总结、提炼，并对一些问题进行进一步完善和补充。本书也是笔者主持的湖南省教育厅科学研究项目“普遍与差异：翻译研究的伦理倾向与反思”（18C1792）的主要研究成果。对伦理问题进行思考，目的在于进一步发现当前研究存在的问题，为将来在这一领域进行进一步探索做好准备，也希望能为多元视角共存格局下的翻译研究尽绵薄之力，并对翻译理论研究和实践做出积极努力。

作　者

2020 年 8 月

目　录

第 1 章　翻译伦理研究起源

人类与动物最根本的区别在于其独特的语言能力，世界各地的语言丰富多样。自语言产生后，持不同语言的族群出于生存、相处等各种实际的需要而进行交往，从这一意义来说，翻译活动的历史可谓久矣。随着语言的进化，人类文明的发展，交往的范围领域不断扩大，翻译活动的广度、深度也在不断拓展。自 20 世纪以来，尤其是进入全球化时代后，翻译活动的频率、规模空前未有，从事翻译实践的人员数量非常庞大。在数千年的翻译历史长河中，相对于翻译活动而言，对翻译进行理论层面的研究却是相对贫乏的，大多局限在对翻译实践层面经验、技巧的总结与归纳，正如霍姆斯所指出的“1953 年以前，西方没有严格意义上的理论研究，之前所有对翻译的探讨都停留在‘怎么译’的个人经验层面”[①]。这一局面的形成既有翻译外部的原因，也有翻译内部的因素，但其核心原因在于对翻译活动的认识与理解。令人可喜的是，自 20 世纪 50 年代以来，随着人们对翻译活动中遇到的困难与存在的问题进行深入思考，翻译界对翻译活动本身有了更深入理论层面的理解与思考，在一批具有强烈学科意识的专家、学者的带领下，翻译研究开始进入了一个崭新的时代，各种翻译理论层出不穷，各种翻译研究流派形成百花齐放的局面。一方面，各种翻译理论的繁荣促进了翻译研究的纵深发展，另一方面，

① Holmes James S.Translation Theory, Translation Theories, Translation Studies and the Translator: Translated Papers on Literary Translation and Translation Studies[C]. Amsterdam: Rodopi, 1988: 93-98.

翻译活动的复杂性也导致了各种翻译研究理论层面的局限与不足，从而又会有新的理论研究来弥补之前的不足，翻译伦理研究就是在这样一个情形下产生并发展起来的。在对翻译伦理问题进行探讨之前，我们首先有必要对翻译伦理研究正式出现之前的翻译研究进行简单的回顾与整理，从而理解这一研究视角产生的背后渊源。

1.1 传统译学的局限

1.1.1 语文学研究

传统译学语文学研究的历史最为悠久，持续的时间最长，阵容庞大，也硕果累累，在西方国家可以追溯至公元前 1 世纪西塞罗（Cicero）提出的译词和译意两种翻译方法，并且早期的研究“主要局限于对这种两分法的热烈讨论”[①]。从以罗马安德罗尼科等三人为代表的古希腊文学翻译到欧洲文艺复兴前后、20 世纪上半叶时期的近代翻译，关于翻译的论述集中在“直译与意译、逐词译与自由译、忠实与不忠实、准确与不准确的有关问题”（谭载喜，2004：2）上。那么，在中国翻译发展史上，情形也基本上差不多，研讨的内容也集中在语言层面。不论是中国古代翻译史上的“舌人”，道安的“按本而传”，玄奘的“既须求真，又须喻俗”，魏象乾的“正译”，还是现代名家严复的“信、达、雅”、鲁迅的“宁信而不顺”、傅雷的“神似”、林语堂的“忠实、通顺和美”、钱锺书的“化境”，从翻译探讨的本质而言，都与西方的论述大同小异。

① 李德超．从研究范式看文化研究对当代翻译研究的影响[J]．解放军外国语学院学报，2005（5）：54.

如果对这些传统译学进行归纳，大致可以得出几个共同的特征：

第一，大多数的翻译理论均从自身翻译的经验出发，是零碎的、印象式的，“均受好恶和兴趣，而非知识所左右”（Bates，1943：15）。

第二，译者的地位是卑微的，因为他的作用就是重复他人的东西。

第三，翻译主要围绕语言内部进行探讨，缺乏清晰的理论意识，缺乏系统性与传承性，尤其在文学领域翻译实践方面更为突出。

传统译学经验式的总结对当代乃至将来的翻译实践依然具有重要的意义，据此产生的大量优秀翻译作品为翻译研究的繁荣与发展奠定了基础，但是传统译学的缺陷也是显而易见的：翻译界没有形成系统的学科研究，更没有理论层面的支撑，翻译始终被当作一种艺术，翻译实践层面的复杂性问题无法得到解决，译者怎么译、为什么这么译等问题没有公认的标准，也缺乏译文质量评判的统一标准，使得关于翻译的策略、方法等问题局限于喋喋不休的争论之中，更使得翻译研究无法作为一门独立的学科而存在，翻译研究需要从一个全新的角度寻求突破。

1.1.2 语言学研究

翻译的语文学层面的探讨一直就没有间断，直至今日，文艺翻译理论依然在向前发展。就西方翻译研究传统来说，从奥古斯丁语言符号理论发展到20世纪的结构语言学，与之相对应的语言学翻译理论也在逐步得到发展。20世纪初，在继承了洪堡等人的语言学的基础上，索绪尔提出了普通语言学概论，随后，布龙菲尔德的结构主义语言学、乔姆斯基的转换生成语法得以盛行，这些理论对语言学研究产生了深远影响，也为翻译研究的语言学派奠定了理论基础。到20世纪70年代，语言学研究的成果极大地影响了翻译研究，翻译的语言学研究范式以普通语言学模式为准则，摆脱了语文学研究的经验主义的藩篱，研究的重点转移到文本系统本身，使得翻译研究克服了过于零乱、流于主观印象化等弊端与不足，并将翻译研究变成一门独立学科。同时，语言学对语言单位的深入研究也使翻译研究从微观的层面进入到词、短语和句子的层面。

在现代翻译史上，结构主义语言学家以现代语言学理论为基础来进行翻译问题的研究，将翻译问题作为语言结构分析的途径之一，借助翻译来探索语言研究，在讨论翻译问题时，首先将翻译研究纳入语言学理论研究的框架，或者以语言学研究的范式对翻译过程、翻译方法等问题进行描述，以得出具有普适性的翻译模式——语言学模式。

语言学家研究翻译的根本目的在于将翻译研究作为语言研究的重要途径，将翻译研究作为个例以补证语言学理论、突出翻译研究的工具性。在这种思维模式下，翻译被归属到语言学的研究范畴，成为应用语言学的一个分支，直到21世纪，在国内很多高等院校，翻译领域的研究生依然被归属到外国语言学和应用语言学大类中，可见这一学派研究范式的影响力。

在微观的层面，语言学研究试图将语言按照意义单位进行分割，从音素、词素、词、句子、篇章（话语）各个层面进行探索，以此来确立翻译的基本单位，然后寻找各语言之间意义的等值或对等，早期西方翻译研究中卡特福德（Catford）提出的篇章等值（textual equivalence）、奈达的形式对等（formal equivalence）和动态等值（dynamic equivalence）、科勒的五类等值类型都是翻译语言学研究模式的产物。

语言学派的研究是翻译研究的重要进展，其意义与影响不言而喻。语言学派对翻译的研究重心不再是语言的文学性和艺术性，而是语言系统之间的差异性，将翻译当成一门学科来进行研究，在当代翻译研究中依然具有其他研究视角不可替代的作用。但毋庸置疑的是，语言学派具有天然的局限性。

首先，翻译虽然从经验走向科学，但又成为语言学的附庸，没有成为一个独立的学科。

其次，语言学研究往往关注不同语言之间的共性、文字层面的对照，对等、等值成为译者追求的核心目标，而语言文化方面的差异导致等值只是一个理想的概念，等值概念内容的不断变化和扩大恰恰说明研究的不尽如人意。

最后，语言层面的研究不直接涉及文化、历史、社会等因素，忽视了不同语言之间承载的文化的差异，更忽略了影响翻译活动的社会文化、政治因素等，尤其是不同语言之间的权力、地位的差异。

翻译语言学派的研究试图寻求一种科学化的研究模式以强化翻译实践的客观性，但人们发现，这种研究模式与翻译实践严重脱节，理论研究的成果也无法解释翻译实践中大量存在的受翻译外部环境因素影响而产生的形形色色的译文结果。为了弥补这一模式的缺陷，后来派生出交际理论派、功能学派等不同流派，但都未能系统地解决这些问题，使得翻译研究进入广阔的文化视角成为必然。

1.2 对翻译伦理问题的关注

1.2.1 翻译文化研究的兴起

翻译研究的语言学派在 20 世纪 50 年代末至 70 年代主导了翻译研究领域，翻译被公认为是语言间的转换，研究者从符号学、篇章语言学、应用语言学以及描写语言学等角度来剖析翻译问题，在语言层面寻求意义的对等。这种视角实际上预设了一个重要的前提，也就是语言一经产生，其意义就是固定不变的，并且能为译者所确切把握。然而，由于文化的差异、影响翻译活动的其他外部因素，并且随着后结构主义语言学研究的兴起，人们对意义的确定性产生了怀疑，也对语言学翻译研究的一些理论与观点产生了怀疑。翻译的语文学研究和语言学派的研究范式存在的问题使得研究者们从更多角度对翻译活动进行思考与反思，翻译研究进入多元化的时代成为必然。翻译研究学派的出现，尤其是文化研究的兴起，将翻译研究推进到一个全新的时代。

20 世纪 70 年代，在人文学术领域，受到后现代思潮的影响，文化批评与文化研究在西方学术理论界崛起并上升到主导地位，逻辑实证主义开始让位于历史主义和文化主义，文化阐释开始成为人文学术研究的主流，科学哲学、心理学、美学等人文学科的学者们都把目光投向了文化，从文化的角度来重新审视自己学科的发展，翻译研究也是如此。事实上，在 20 世纪后期，尤金·奈达提出了交际理论，强调了原文与译文的不同的文化背景以及这种背景在译文的接受效果中所起的作用，此后语言学派的某些领域实际上已经部分地与文化学派的研究领域接壤，像交际理论、符号学理论等一些语言学派理论也在一定程度上为文化学派的产生提供了翻译研究的文化参考。

最早系统提出翻译文化研究的是以色列学者埃文-佐哈尔和图里的多元系统论，该理论强调目的语文化对翻译的影响。但是这一理论还没有完全摆脱语言学派的影响，依然具有结构主义的痕迹。到 20 世纪 90 年代，巴斯奈特和勒弗维尔编著的《翻译、历史和文化》（1990）正式出版，该书强调翻译与权力、意识形态的关系，标志着翻译研究文化学派的形成。翻译文化学派反对语言学研究的唯科学主义的态度，认为翻译的单位不是词、句子、篇章，而是文化，翻译并非在两种语言的真空中进行，而是在两种文学（和文化）传统的语境下进行的，译者则作用于特定时间的特定文化之中。文化学派认为，译者对自己和自己文化的理解是影响他们翻译方法的诸多因素之一。文化研究的出现，对以前的翻译研究进行了彻底的颠覆，跳出了原先比较狭隘的仅仅关注两种语言文字转换的传统翻译研究层面，而致力于从更为宏大的文化交际、比较文化层面上去审视翻译、研究翻译。

翻译文化研究的发展与社会文化研究密不可分，并受文化研究的影响。随着文化研究的变化，翻译文化研究也发生了巨大的变化。文化研究经历了文化主义、结构主义和后结构主义三个阶段：文化主义阶段扩大了文化的内涵，从精英文化走向大众文化；结构主义阶段文化研究将视角转向探讨文本和霸权的关系；而后结构主义阶段则反映了文化研究对文化多元性问题的关注。随着经济全球化浪潮的兴起，文化研究进入了国际性研究阶段，开始转向社会学、人种学、历史学等学科。当翻译研究进入文化层面后，文化研究领域的有关不同民族文化之间的冲突、文化与政治和权力之间的关系也同样进入翻译文化研究的范畴，翻译活动受到政治、权力等外部因素操控的现实存在不可能再回避，“翻译已不是中性的、远离政治及意识形态斗争和利益冲突的行为。相反，它成了这类冲突的场所”①。

随着解构主义、女权主义、后殖民主义等理论的出现，翻译研究不仅是关于文化冲突的问题，还具有强烈的政治倾向，而且政治倾向越来越明显，特别是后殖民主义与政治、民族、帝国主义等的结合尤为突出。因此，所谓的翻译研究的文化转向，实际上就是从研究语言的技术操作层面转向研究翻译的社会文化层面：翻译研究的关键词从“对等”“等值”“转换”“翻译单位”等转变为“文化”“权力”“边缘”“解构”“霸权”等，从某种意义上说，翻译研究已经从如何译的研究变成了还包括为什么译、谁来译、给谁译的问题。

① 刘禾．语际书写：现代思想史写作批判纲要[M]．上海：上海三联书店，1999：36．

1.2.2 从规定到描写

从翻译的研究模式来说，语文学研究和语言学派的翻译理论基本以规范为主，属于规定性的翻译研究，其目的主要在于为翻译实践设置系统的操作依据和标准，实现意义的等价转换。由于脱离语境，规定性研究总结的“翻译规律”往往具有很大的局限性。研究者们通过大量的翻译实践，并对同一原作产生差异很大的不同译本的事实的分析，发现很多现象无法单纯从语言文本角度得到解释，必须放到其发生背景中去理解，西方译学研究中的“有一千个译者就有一千个哈姆雷特”就是对这一问题最真实的反映。当我们认定翻译活动不只是单纯的文字转换，每一个翻译都有不同的背景和特别的目的时，翻译的标准、策略、方法可以千篇一律吗？以我国“神似”的翻译理论为例，怎么样才算达到神似？其评价的标准又是什么？是否存在并能找到语言间转换的普遍规律？这样的反思对传统规定性翻译研究造成了很大冲击，也导致了翻译描写性研究的诞生。

描写性研究将翻译置于其社会文化背景中，关注译文生成过程中的外部因素，认为与其制定对翻译实践缺乏指导意义的规定，不如对以往实际发生的翻译现象进行描写，观察人们在翻译中究竟受到哪些因素的影响和制约，探讨译者为什么会如此翻译或如此选择。这种研究的模式克服了规定性翻译研究的弊端，使得人们对翻译活动的本质有了更全面的认识，人们发现翻译不是对固定意义的追逐，也不是语言之间按照客观规律的机械转换，不同的译者、不同的文化背景与背后的权力会导致译者选择的差异性，译者或其赞助人为了一定目的也会对原作进行改写和操纵。在文化的层面，研究者们发现，翻译的背后呈现出文化内部和不同文化之间的权力之争，翻译的目的不再全是促进跨文化交流，而常常与颠覆、控制、瓦解、掠夺、压迫、统治、殖民、阴谋等紧密相连，“不能将翻译看作一种透明、中立或者是纯真无害的（innocent）文字行为”（Hermans，2009：95）。追求译文和原文的对等变成了一种乌托邦式的幻想。随着主体性哲学和文化研究的兴起，描写性翻译研究得以进一步发展与盛行。

1.2.3 伦理问题的凸显

无论是描写性研究还是文化研究，都逐渐暴露出自身固有的不足。描写性研究一味强调研究的中立性，避免对“译本做价值判断，有明显的脱离翻译本身的倾向”①，而文化研究的不足则是“研究越来越远离文本，在翻译的理论研究与实践之间划出了一条鸿沟”（吕俊、侯向群，2009）。文化研究还在一定程度上导致了对翻译认识的混乱：文化研究远离文本、关注文本的外部因素和文化语境的偏向，会不会最终消解了翻译本体的研究？译者主体性的过度张扬是不是意味着译者可以为所欲为地处理文本？到底什么是“翻译”，又应该如何翻译？这些问题在翻译界引发了越来越多的思考以及对翻译伦理研究的探讨，翻译伦理的研究就是在这样的背景下兴起的。

如果说翻译描写性研究是对规定性研究的反思与反拨，那么，翻译伦理研究就是对翻译描写性研究进行反思的结果。与规定性研究不同的是，描写性研究正视语言层面不能解释的客观存在的种种翻译，关注语言文本之外的各种因素对翻译活动产生的影响，但这一模式在开阔了翻译视野的同时也暴露出规避价值判断的不足。翻译作为一种社会活动，价值判断是无法回避的问题，“翻译应该再现什么、为谁服务、以何名义进行”（Pym，2001：130）。这些问题在每一次翻译行为中都实实在在存在，是翻译理论研究、翻译实践中无法绕开的问题，只能从伦理的范畴来获得答案。因此，翻译伦理研究是翻译研究深入之后一个合乎逻辑的发展方向。

① 韩子满，刘芳．描述翻译研究的成就与不足[J]．外语学刊，2005（3）：99．

1.3 翻译伦理研究的哲学背景

不论是自然科学还是人文社会科学，哲学都对其发展起到了核心的方向性作用，例如，在人文学科领域，社会思潮的变迁都可以寻找到哲学认识变迁的痕迹，两者之间有着必然的因果关联，翻译伦理研究同样如此。

1.3.1 哲学的语言学转向

人类对语言的认识经历了三个历史阶段：本体论（世界存在的本质）－认识论（对存在的认识）－语言论（存在的方式）。在本体论阶段，人们认为语言是人类的一种交际工具；在认识论阶段，语言学家认为语言不仅仅具有传递思想、相互交流的作用；在语言论阶段，哲学家们认为语言是人类存在的方式，语言是人的世界。语言学转向后，哲学家们更加关注语言和世界的关系，语言成为哲学反思的一个起点和基础，对传统哲学观具有颠覆性影响：首先，语言不再是用来交接的工具，不是人拥有语言，相反，语言是人类存在的家园，我们所说的人类存在实际上是一种语言中的存在，人类在用语言表达事物的同时自身又存在于语言之中，语言也就自然地成为一种本体；此外，语言系统不是一个自足的系统，它的能指与所指的关系不是简单明了、一一对应的关系，也不具有透明性，而是具有不确定性、模糊性，甚至离散性。

当传统的语言哲学观被颠覆后，语言问题突然变得无比重要起来，那么“研究语言的意义、意义的指向、语言与逻辑、语言与真理、语言与翻译等问题就成了 20 世纪语言哲学家的共同兴趣所在”①。也正因如此，以语言为本体的翻译行

---

① 潘文国．从哲学研究的语言转向到语言研究的哲学转向[J]．外语学刊，2008（2）：19.

为和翻译理论的研究备受关注。对翻译研究来说，语言转向最重要的意义是突出了翻译的重要性，也突出了翻译研究的重要性，同时也把现代语言学理论和方法引入了翻译研究，带来了新的思维和模式，第一次真正意义上突破了传统译论的束缚。20 世纪中叶以后，翻译研究理论视角各异，竞相发展，促进了翻译理论的繁荣与发展，也只有在这样的背景下，从翻译的语言学转向研究、文化转向研究到翻译的伦理研究才有可能。

1.3.2 解构主义的冲击

20 世纪 60 年代，以哲学家德里达为代表的解构主义对语言学中的结构主义、逻各斯中心主义进行批判，提出解构主义的思想，他们认为逻各斯中心主义不仅为主体与客体、本质与现象、能指与所指、形式与意义、原文与译文、作者与译者等设置了二象对立，而且总是预设了不平等、不平衡的双方关系，总是由其中的一项处于统治和优先地位。解构主义以攻击逻各斯中心主义为目标，系统地解构结构主义关于结构和意义等的重要概念，打破现有的单元化的秩序，创造了更为合理的秩序。在关于文字与语言的关系问题上，德里达否定了结构主义翻译观认为的语言中心论、文本的封闭性及语义的确定性，认为作品的意义完全在于“白纸黑字”之间的无限的指涉和延宕，通过“差异”这一概念颠倒语言和文字的次序，用文字的差异性说明文化和文学的开放性、边缘性、多重性和多义性，颠覆了结构主义关于文本的语言中心、语言规律、文本结构、终极意义等一些基本观点。解构主义理论家举起反逻各斯中心主义的大旗，要求彻底反思传统二元对立的合理性，进而消解这种对立，在这一后现代主义思潮影响下，人文社会科学掀起了一股巨大的思想浪潮并渗透到各个领域，反对欧洲中心、反对男权中心、反对殖民，各种思潮此起彼伏。

与其他人文科学领域一样，翻译理论界也不可避免地受到解构主义的入侵，欧美国家现已有许多翻译理论家将解构主义运用到翻译研究中，否定原文文本终极意义的存在，消解原作者至高无上、唯我独尊的权威性，废除作者与译者、原文（作）与译文（作）之分，宣称译者是创造主体，译文语言是新生的语言。解构主义学派代表人物罗兰·巴尔特（2000）认为“文本是一个多维、立体的阐释空间，而非实在的物，不存在固定的、原初的意义，作者也只是一个临时的表述者，文本一旦完成，作者就没有存在的必要了，读者自会通过对文本语言符号的解读来探究文本的意义”[①]。“作者之死”彻底颠覆了翻译领域作者—译者、原作—译作等传统的二元对立。

虽然德里达本人一直强调其解构思想具有政治性，但并不愿意承认他的解构存在着一个伦理学和政治学的转向，然而，解构主义事实上确实存在伦理学的背景，既是一种思想伦理，也是一种伦理政治。以他为代表的解构主义具有十分激进的反传统观念，其政治思想与伦理思想对传统翻译理论产生了巨大的冲击，促使我们不得不重新审视传统译论中对一些基本问题的固有认识，传统翻译理论的“忠实”“准确”“原文至上”等重要原则受到质疑和挑战。对于翻译实践者来说，解构主义最深远的影响在后殖民翻译领域，后殖民理论最关心“种族、民族、帝国、移民和族性与文化成果的相互关联，后殖民视角充分凸显文化间不平等、不对称的权力关系，后殖民主义要求重新思考文化间互相关联的方式，充分认识不同文化间的差异，质疑文化产品的流向等诸多问题”[②]。在后殖民视角下，翻译和存在于不同民族、不同种族和不同语言之间的不对称和不平等的关系联系在了一起，甚至就是造成这种不平等现象的帮凶，这样一来，翻译的伦理与政

① 许宏，滕梅．翻译研究伦理转向的深层动因[J]．解放军外国语学院学报，2011（5）：87.

② 许宏，滕梅．翻译研究伦理转向的深层动因[J]．解放军外国语学院学报，2011（5）：88.

治无法脱离开来。

1.3.3 从主体性到主体间性

在近代哲学史上，黑格尔引导的主体性哲学成为普遍性法则，认为主体与客体作为对立面而存在于世界。随着时代的发展，主体性哲学的历史局限性日益凸现出来，建立在主客二分基础上的主体性哲学不能解决人的生存本质问题，主体性哲学将人的生存活动界定为主体对客体的征服和构造，形成主客体之间对立、冲突的局面，导致唯我论和中心主义，以及人口膨胀、资源匮乏、生态恶化等全球性问题日益严重。主体性哲学关注的是主客体的关系，将两者区分为“自我”与“他者”，忽视存在的更为本质的内容——主体与主体之间的关系。这种“自我”与“他者”在本质上是中心与边缘、征服与被征服、主人与仆人的关系。在主体性哲学思维下，主客体之间是对立的，带来的必然是人与自然、各文化之间、各族群之间的矛盾与危机，主体间性的出场是对主体性哲学的批判。

对“自我”与“他者”关系的探讨经历了从“自我”走向“他者”的过程。以胡塞尔为代表的主体间性理论主要是反思主体的“唯我论”倾向，超越了传统的主体与客体关系二元对立的思维方式，进入了主体与主体非对立的思维方式。在继承了胡塞尔消解主体的“唯我论”立场的基础上，哈贝马斯提出了交往行动理论，强调语言共识及实践所在，存在被认为是主体间的存在，孤立的个体性主体变为交互性主体，并且需要在交互过程中不断地寻找自我与他者之间关系的平衡点，主体之间话语沟通的伦理价值取向开始受到关注。关于“他者”的思考，哲学家艾玛纽埃尔·勒维纳斯理论则明确了他者的绝对差异性，指出伦理关系是主体间的奠基性关系，同时阐释了伦理学是第一哲学的立场。当伦理学成为第一哲学之后，人文社会研究产生了历史性重大转变，即伦理的转向。

从主体性到主体间性的哲学转变，对翻译研究产生的影响在于，人们开始冷静思考：翻译的本质是什么；翻译在社会生活中扮演什么样的角色；在翻译的过程中，在对待“他者”的问题上，我们如何处理源语文本与译语文本、原作者与译者、译者与读者、译者与翻译组织者之间的关系。所有这些问题，均指向一个问题：必须建立一个翻译的伦理学。

1.4 翻译伦理研究的基本问题

伦理学是对人类道德生活进行系统思考和研究的学科，是处理人际关系所应遵循的道德和准则，是一门研究行为事实的规律及其应该如何规范的法则体系。任何人类行为和学科的研究工作都涉及伦理问题。翻译同样如此，从行为学的角度而言，翻译是一种跨语言和跨文化的交际行为，像其他人类行为一样，这种人际交往行为必然受到一定准则的规范和制约，因此，翻译这一特殊的人类行为不可避免地要涉及伦理问题。事实上，翻译界诸如“不忠的美人”“翻译即背叛”“忠实”“文化歧视”等术语本身就带有非常浓厚的伦理色彩。翻译与伦理息息相关，或者说，翻译从来就离不开也没有离开过伦理范畴，当翻译行为本身、翻译的社会文化意义等外部因素的研究不断深入，“异化”“归化”“同化”“同一”“中心”“边缘”“文化殖民”“文化侵略”等字眼充斥在各类学术刊物上时，越来越多的学者已经意识到翻译研究的伦理倾向已经成为不可否认的事实。

1.4.1 翻译伦理的内涵

伦理是指在处理人与人、人与社会相互关系时应遵循的道理和准则，它不仅包含着对人与人、人与社会和人与自然之间关系进行处理的行为规范，也包含着按照一定原则来规范行为的深刻道理。此种行为规范不是明文规定的，而是约定俗成的，并且随着道德标准的普遍上升而呈上升趋势。

在中国古代，“伦”“理”二字早在《尚书》《诗经》《易经》等经典中出现，但常常被分开使用，最早见于秦汉之际成书的《乐纪》：“乐者，通伦理者也。”这里“伦”是有“条理、顺序、道理、辈、同类、人伦”的意思，正如“三纲五伦”之“伦”；而“理”的本意是按照玉的天然纹理对玉进行加工，并引申为“道理、条理、准则”之意。直到西汉初年，人们才开始广泛使用“伦理”一词，以概括人与人之间应当遵循的道德规范和伦理准则。《现代汉语词典》对“伦理”一词的解释是 “人与人相处的各种道德准则”。在西方，对伦理问题的关注由来已久，“伦理”一词由古希腊哲学家亚里士多德首创，他认为伦理（Ethic）是由风俗沿袭而来的，因此把“习惯”（Ethos）一词的拼写略加改动，就有了“伦理”（Ethic）这个名称，继而引申为由人类构建起来的规则和规范[①]。之后，伦理学逐渐成为一门研究道德现象、揭示道德本质及其发展过程的独立科学，主要讨论的是人与人之间的关系问题，任何人类行为都是在伦理学考察的范畴之中。英文中的“伦理”多与价值判断联系在一起，并常用来指某种职业的从业者必须遵守的行为规则和规范。

总之，伦理是约束人类行为过程中各种关系的道德与价值规范的总和。目前，伦理学界普遍认为“只要有人，有了人的活动与生活，有了人与人之间的关系，就有伦理的存在，伦理就会发生作用”[②]。而只有这种隐性的行为秩序和规范的存在，且人们自觉地、不自觉地去遵守这种规范，社会才能得以正常运行，而这种伦理规范一旦丢失，群体生命将失去其内在秩序而陷入混乱，甚至崩溃。

① 亚里士多德．亚里士多德全集（8卷）[M]．北京：中国人民大学出版社，1992：27.

② 骆贤凤．中西翻译伦理研究述评[J]．中国翻译，2009（3）：13.

西方传统哲学是以自我为中心的主体性哲学，强调“自我”与“他者”的主客二分思维，然而，在这一哲学思维下，诸如生态失衡、种族冲突等各种矛盾和危机充斥世界。当代哲学研究开始对主体性哲学进行反思，重新审视对待“他者”的关系态度，出现了以伦理学作为“第一哲学”的新主张，在法国乃至欧洲哲学领域内发生了伦理学转向，这种新的哲学研究趋势也引起了翻译界对伦理问题的关注，研究者也发现了伦理学研究与翻译研究的内在关联。1984 年，法国翻译理论家和哲学家安托瓦纳·贝尔曼（Antoine Berman）针对西方译界“以意义的传达”的思想，最先提出“翻译伦理（Ethic of Translation）”的概念，认为“对翻译及译者的现代思考应该从翻译历史、翻译伦理及翻译分析这三个方面展开”，强调翻译伦理需要思考主体间的互有责任关系，并尊重原作，尊重原作的语言和文化差异，其翻译伦理目标就是通过对“他者”的传介来丰富自身[①]。接着，美国解构主义翻译理论家劳伦斯·韦努蒂表现出来以“抵抗”为基本特征的翻译伦理观，他从翻译消极作用中看到，翻译伦理不能以为翻译能够摆脱其根本的归化性质，并指出“流畅译法”或“透明译法”本质上是某种意识形态之下的产物，是文化殖民主义，他主张在翻译中用“抵抗”的策略来保存文中的语言文化差异，抵御英美等发达资本主义国家的文化霸权。安东尼·皮姆（Anthony Pym）是另一位推动翻译伦理研究的学者，1997 年他出版了《论译者的伦理》一书，他从目的论的视角出发，将翻译视为“一项交际行为，是为某一客户而提供的、针对既定接受者的一项职业性服务”（Anthony Pym，1997：10）。他还首次提出了译者的“文化间性”概念，指出翻译中的伦理已经突破传统忠实角度走向文化交际角度，倾向于从译者的“文化间性”出发，针对各种形态的翻译活动去探讨促进不同文化之间展开交往合作的译者的伦理，认为翻译伦理的重点是主体间伦理，或翻译职

① 王大智．关于展开翻译伦理研究的思考[J]．外语与外语教学，2005（12）：46.

业伦理，这种译者的伦理势必随着客户的需要、译者的行业规范等具体情况而发生变化，在遵守职业道德的前提下，译者怎样翻译在很大的程度上取决于“为谁而译”。

我国译学研究者开始把翻译的伦理问题置于台前。吕俊在《跨越文化障碍——巴比塔的重建》(2001)一书中将哈贝马斯的交往行为理论引入翻译学研究中，使翻译伦理学成为“翻译学的一个组成部分和研究内容……翻译活动是一种对话和交往，是一种不同文化间的言语交往行为，这就要求人们遵守一些准则和规范……这就是说它更需要伦理学的指导，这是翻译活动自身对伦理学的需要”（吕俊，2001：272）。紧接着，许钧在《论翻译活动的三个层面》（2002）一文中提出：“若我们细心地考察一下翻译活动的全过程，就能看到翻译对象的选择、翻译方法的采用，包括翻译作品的编撰与加工，无不受到‘该怎么译’这一道德层面的约束和影响。”自此，很多学者如王大智、刘亚猛、吴建国、魏清光、杜玉生、祝朝伟、汤君、骆贤凤、刘卫东等从伦理学角度对翻译伦理学研究进行了构想、对研究现状进行了评述、对翻译策略进行了研究、对译者的职业伦理进行了反思等，尤其是近几年，翻译伦理研究特别火爆，可以说，翻译伦理问题已经成为翻译研究的一个新的方向和热点。

对于到底什么是“翻译伦理”，翻译界还没有统一和精准的认识，要得出它精确的内涵也并非易事，可是我们已经有了一个基本的认识，那就是翻译伦理作为普遍意义存在下的一种特殊伦理，首先应界定在伦理的大框架下，其次可以理解为由翻译行为引发的各种人际或者文本关系所遵循的道德、价值规范准则和秩序。由于翻译行为引发的关系是多维度的，因此在翻译领域中的伦理所指的内容也是广泛的，它涉及翻译跨文化交际中具有不同文化取向、价值判断的群体间的关系，各翻译主体间的关系，译者作为一种职业从业者所面对的各种潜在的人际关系等。

1.4.2 翻译的伦理属性

（1）从翻译的本质来看翻译之伦理。翻译的本质问题即翻译在从一种语言转换到另外一种语言的过程中，转换的究竟是什么的问题。转换的是文字，是意义，是符号，是文化，或者是其他的什么东西？对翻译本质的不同理解直接影响翻译的伦理观。

中国传统翻译理论在“案本－求信－神似－化境”的漫长发展过程中，尽管有“文”“质”之争论，有“直译”“意译”的交锋，但是对翻译本质问题——意义的转换的认同是没有变化的。在西方译界，情形也相差无几：巴尔胡达罗夫的“保持其内容意义不变”，卡特福德的“等值的语言”，奈达的“从语义到文体最近似的自然对等”，都体现了对翻译本质——意义转化观的认同。在意义的约束下，原文和原作者的意图在规范和制约着译文，也制约着译者的翻译策略的选择，翻译批评者则习惯于以评判者的身份对翻译进行文本层次的批评，并把批评归结为对译文“好”与“坏”的认定，翻译的伦理也就定位在“忠实”的伦理，以是否“等值”为原则对译文和译者进行道德批评。

然而，解构思潮的兴起使得不同读者由于各自的阅读经验等不同对文本的理解也不同。在“作者之死”后，文本的意义变得没有确定性，传统的意义观被颠覆。失去了意义这一风向标，“在翻译活动中寻找一致性与确定性问题就成为了不可能，对于一句话的不同解释也成了正常现象”[①]，这就使译者“随心所欲”的翻译成为可能。伦理是社会间人与人之间行为的一种秩序规范，翻译的伦理就是在翻译方面的秩序规范。由于后现代思想过分张扬，翻译的规范、翻译的标准都变

① 申迎丽，仝亚辉．翻译伦理问题的回归——由《译者》特刊之《回归到伦理问题》出发[J]．四川外语学院学报，2005（3）：76.

得虚无，翻译变得随心所欲、无本可依，传统的翻译伦理受到了严重的挑战，成了没有伦理的伦理，翻译也迷失了方向。从伦理的视角来看，缺少了秩序的翻译现象是无法想象的，在这种翻译思想的指导下，“翻译可以脱离原本，怎么样翻译都行”的情况必然会出现。

（2）从翻译标准来看翻译之伦理。翻译标准的不同体现的是不同的翻译伦理，翻译标准的变迁也就是翻译伦理观的变迁。翻开中西方翻译史，可以看到从“忠实”到“背叛与自由”的伦理转换。

“忠实”的翻译伦理观有着悠久的历史，也有着深刻的历史渊源。在传统的伦理观念中，“忠”是一个普遍的伦理法则。从儒教道义中的“忠、信、仁、义”之说、岳飞的精忠报国，到当代军人忠于祖国、忠于人民，乃至婚姻家庭中夫妻双方彼此的忠诚，“忠”均是一种传统的美德。这一普遍伦理观同样存在于翻译的标准中，在中国翻译史上，无论是汉代支谦的“因循本旨，不加文饰”，道安的“案本而传，不令有损言游字”，玄奘法师强调的译文“既须求真”，还是严复的“信、达、雅”，鲁迅的“保持原作的风姿”“宁信而不顺”，泰特勒的“三原则”，奈达的“动态对等”，以及到当代的“忠实、通顺”，这些翻译标准无不体现着译文对原文的忠实、译文客体对原文主体的服从。在众多的翻译标准中，“‘忠实’翻译伦理观念是翻译研究中最突出的具有伦理关涉的概念”（汤君，2007：58），“忠实”无时不在规约着译者在翻译活动中对原文以及原文作者应尽的义务和责任。

除了“忠实”的翻译伦理观之外，当代翻译出现了与“忠实”截然相反的另一种伦理观，即译者的“叛逆与自由”，法国梅纳日的“不忠的美人”、意大利谚语“翻译者即反叛者”等都是这一翻译伦理的宣言。在以原文、原作者为中心的时代，“忠实”的翻译伦理大行其道。然而，当翻译研究打上文化、政治的烙印后，结构主义受到解构主义的严重挑战，在交往理论、目的论、接受美学、后殖民主义、女性主义、新历史主义等系列理论与思潮的影响下，“忠实”与“叛逆”的伦理冲突充斥在翻译研究中，这种争论也将在一定的时期内继续延续下去。这也为翻译伦理研究的深入提供了舞台。

（3）从译者的选择来看翻译之伦理。翻译理论研究的一个重要内容是探索译者要怎么译的问题，即译者在面临一系列翻译活动内在的和外在的因素时，应该做出何种选择的问题。在传统的翻译理论看来，译者所秉承的理念就是“忠实地反映原文……”，“忠实是译者的天职”。在这种理念下，译者将原文本和原文作者欲表达的思想和意图置于至高无上的位置，他所遵循的是“忠实”的单一性伦理，是“仆人”对“主人”的服从，是主客二元伦理哲学的真实写照。

然而，随着翻译研究的不断深入、各种翻译思潮的涌现，人们不禁重新审视原有的翻译理念，到底译者能在何种程度上“忠实”？在表达原作者价值观和伦理观的过程中，译者不仅不可避免地渗透了自己的价值观和伦理观，而且会受到外来其他因素的影响和制约，因为翻译不是在真空中进行的一种封闭的静态过程，而是在开放的环境下受各种内部、外部因素影响的动态过程，这些动态因素包括源语和源语文化，译入语和译入语读者感受，以及资助人、赞助商等。面对这些因素，偏重于哪一方？忠于谁？这是译者的选择。也就是说，译者由原来对原文“忠实”的单一性伦理转变为考虑多个因素的多样性伦理，无论他怎么选择，或者在几种选择中找何种平衡点，其行为都具有明显的伦理特征，是一种伦理选择。

基于译者进行伦理选择的事实，切斯特曼（Chesterman）对翻译伦理进行了归类，将之分为：“再现的伦理”“服务的伦理”“交际的伦理”“规范的伦理”以及“承诺的伦理”（Chesterman，2001：139-154）。“再现的伦理”即译者在翻译的过程中，以再现原文文本、原文作者的意图来体现原作的精神；在“服务的伦理”中，译者翻译遵循的原则是首先考虑委托人的要求；在“交际的伦理”中，译者遵循的原则首先是要在平等对话的基础上让跨文化交际成为可能；在“规范的伦理”中，译者遵循的原则是符合规范，符合人们的期待并选择可接受的方法和策略；“承诺的伦理”，即译者履行该行业的职业道德规范和誓言。切斯特曼对翻译伦理的分类和阐述摆脱了传统译论始终在源语文本的领域内展开关于“忠实”讨论的局限，为我们提供了多向度的视角，也说明了译者的多样性选择使翻译伦理进入了一个多元化的时代。

第 2 章　翻译伦理研究现状

2.1　翻译伦理研究的层级

2.1.1　翻译标准问题研究

美国学者贝尔曼和伍德编辑的论文集《国家、语言和翻译伦理》(2005) 在“翻译伦理”专辑选登的 6 篇文章中，有 4 篇强调了译者的一个基本伦理态度：百分之百地忠实全面传达原文意义已经被证明不可能，但这并不意味着译者可以抛开原文、为所欲为，译者的态度应该是明知不可为，而一定要为之。这个伦理态度从另外一个角度说明传统的忠实已经不能适应翻译发展的需要。

曾记（2008）从翻译伦理角度对传统“忠实”进行突破，提出了翻译标准从文本关系下“忠实”到人际关系下“忠诚”、从审美到伦理角度、从传统忠实到“僭越的忠实”、从翻译政治角度到“颠覆性忠实”、从过程中伦理主体到“写作方案”忠实的转变。香港理工大学教授朱志瑜（2009）探讨了规定、描写与伦理几个概念的关系，指出“传统的规定性理论说的是文本关系，而翻译伦理讨论的是人际关系”。翻译伦理视角下对翻译标准的讨论体现在两个方面。首先，传统的“忠实”已不可能；其次，翻译标准的视角已经从文本关系走向多维度的人际关系，在这种异常复杂的人伦关系中，翻译生存于由各种文化、社会、政治、历史、经济等人类关系所构筑的关系网络之间，而在不同的人伦关系的交锋、碰撞、融合中翻译行为得以产生。

2.1.2 翻译策略问题研究

贝尔曼（1985：88）认为翻译的伦理就在于在目的语的语言和文化中，把自身之外的对象当作“他者”来承认和接受，通过对“他者”的传介来丰富自身。贝尔曼提出翻译行为的正当伦理目标是在翻译行为中“以异为异”，尊重和突出原作和原文中的语言和文化差异。美国解构主义翻译理论家劳伦斯·韦努蒂（1998）提出以“抵抗”为基本特征的翻译伦理观，他主张在翻译中用“抵抗”的策略来保存文中的语言文化差异，抵御英美等发达资本主义国家的文化霸权和“反对同化，提倡异化”的典型的“存异伦理”翻译伦理思想。

而中国学者如申连云（2008）提出了当代翻译研究必须“尊重差异”的伦理观，面对差异，译者应该寻求差异，挖掘差异，尊重差异，而不是求同；并指出（2010）投降就是放弃对原文的操控，以原文自身为目的，尊重原文自身价值，在全球化背景下，“尊重差异，敬畏文明”应该成为跨文化交往中对文化他者所应担当的最基本的伦理道义。张道震（2009）探讨了由意义的多元阐释引发的伦理思考，力图表明“在后结构主义的现代，翻译就是在差异中诞生并得以延续的”。

2.1.3 翻译主体问题研究

安东尼·皮姆（1997）在《论译者的伦理》中提出了译者的“文化间性”——针对各种形态的翻译活动去探讨促进不同文化间展开交往合作的译者伦理，这一观点使得传统翻译忠实伦理向文化交际伦理转变。自此，翻译伦理问题研究进一步深入到了对“译者伦理”，即有关译者这一职业的伦理问题的关注，他认为翻译是一项交际行为，是为某一客户提供的、针对既定接受者的一项职业性服务，他提倡用“应不应该翻译”来代替“怎样来翻译”的问题。他的思想赋予了译者很大的选择权利，译者可以根据社会、经济政治等各种具体情况来决定翻译与否，并采取什么样的策略去翻译。他在译界权威杂志《译者》之《回归到伦理问题》专刊中引用安德鲁·切斯特曼（2001：139-154）在“希波克拉底誓约”提出的五种翻译伦理模式分类——再现的伦理、服务的伦理、交际的伦理、规范的伦理、承诺的伦理，指出译者在这五种伦理的基础上，要保证互为异己的伦理达成最大程度上的合作。切斯特曼（1997）从分析主体间伦理角度出发，强调了要尊重译者的选材和决策，并证实翻译策略的权利以及赞助人选择文本的权利，译者的首要任务在于理解赞助人的意愿，理解原文，理解读者的期待，译者有责任为读者提供解释（骆贤凤，2009）。

威廉姆斯和切斯特曼（2004）把翻译研究的领域划分为“不同种类的伦理”“文化和意识形态因素”“实践规则”“个人及职业伦理”，进一步细化和具体了对翻译伦理的理解，为研究翻译职业伦理和译者个人伦理打下了坚实的理论基础。

在此基础上，很多中国学者就翻译研究中的主体间性问题进行了整合，如葛林（2007）指出翻译主体间伦理的讨论不能单纯强调译者单方的责任或权利，其他主体如赞助人与评论人等同样负有伦理责任。刘卫东（2008）在原文作者、译者、委托者、译文读者等主体间关系的研究中发现安德鲁·切斯特曼的“不同种类的伦理”其实只是同一伦理问题的不同侧面，是翻译伦理在翻译过程中不同阶段、不同环节的具体表现。

2.1.4 “伦理”特征问题研究

随着翻译伦理研究的慢慢深入，很多学者已经从当初的翻译伦理研究的意义、回归等比较简单的问题开始反思不同翻译范式的伦理特征。杜玉生（2008）详细分析了几种译学研究范式的伦理特征：语文学阶段译学范式的自我的片面夸大，体现自我中心主义倾向；求同的结构主义译学范式表现出来的普遍主义采用的归化法，实质上是采用了民族中心主义的态度，不利于异质文化的交流与传播；而突出个性与差异的后结构主义伦理思想打破了结构，解构了系统，凸显“差异”伦理思想，突出了“他者”的核心地位，但往往又由于过度张扬差异，而对他者过度夸大。杜玉生在吕俊等学者的基础上对西方译学范式的伦理特征的总结具有很强的代表性。孙伟（2010）也提出了类似的观点：非理性伦理思想把非理性看作本质特征，结构主义伦理思想将他者差异归于自我同一性的求同伦理，后结构主义彰显个性和差异的差异伦理。基于每个范式的不足，他们提出了基于对话、交往、融合、差异的伦理思想。

2.1.5 “翻译伦理”构建方向研究

对翻译伦理的构建，国内外译者主要基于以下学者的两个理论。一个是德国神学家孔汉思于 1990 年提出的“普世伦理”，即“对一些有约束的价值观、一些不可取消的标准和人格态度的基本共识”。另外一个为德国哲学家哈贝马斯提出的“交往伦理学”，其核心内容是“普遍化原则”和“商谈伦理原则”，即运用对话式的交往伦理原则，让所有参与者彼此承认。

基于以上伦理思想，很多学者对怎样构建翻译伦理做出了他们自己的阐释。加拿大安妮•布赫塞（Anne Brisset）提出，“在翻译领域，一个互惠的伦理，将会对保存世界上的各种语言文化并促进其发展贡献良多”。

在国内，王大智（2005）指出：某一情境下的翻译伦理应该是一定社会的产物，不同时期、不同社会、不同文化语境下的翻译伦理观念既应具普遍性，又应具有特殊性；吕俊（2001）对翻译伦理学进行了深入的探讨，呼吁建立以哈贝马斯的交往伦理学为基础的翻译伦理学，认为“翻译活动是一种对话和交往，是不同文化间的言语交往行为，这就要求人们遵守一些准则和规范，因为不同文化间的交往，涉及的问题要更多、更复杂，就是说它更需要伦理学的指导，这是翻译活动自身对伦理学的需要”。吴建国、魏清光（2006）指出：世界伦理规范交流的过程必然是接近、交流、碰撞、冲突和融合，而翻译则是融合的桥梁之一；申连云（2008）认为：当代翻译研究伦理观就是寻求差异、发掘差异、尊重差异；杜玉生（2008）提出了用商谈伦理学思想纠正过度夸大“他者”的伦理观念，承认文化的差异性并尊重异文化，以平等对话为交往原则，以建立良性的文化间互动关系为目的的构想。孙伟（2010）也提出了普世伦理的构建与翻译伦理多元化，并在此基础上提出了文化全球化与“存异”的翻译观和“互惠”的伦理观。孙艺风（2007）认为“译者必须严肃对待任何趋向分裂和瓦解的具体迹象，如果控制他者或改变他者的他异性是不可能的，那么无疑应该提倡真实地再现他者，这样的再现将加强互惠性”。基于以上学者的研究轨迹，我们可以看出“互惠”成了一种理性的伦理选择，构建各主体和文化间的平等、差异、互惠的伦理观念是翻译伦理研究的大势所趋和共识。但是，大部分学者只是针对构建方向问题进行阐述，而对具体的构建方法用笔很少。当然，相对来说，怎样构建也是翻译伦理研究中的一个难点，值得所有学者深思。

2.2　我国翻译伦理研究进展

中国是四大文明古国之一，历史悠久，文化灿烂，翻译活动自然源远流长，而且传统文化具有典型的伦理型特征，翻译活动及相关的论述也就包含、折射出时代的伦理思想。与西方翻译发展史具有类似的经历，中国古代译学也以翻译实践为主，宗教色彩也比较浓厚，有关的论述主要是语言层面的主观性、经验式的探索与总结，有尊重原著的翻译思想，也有创造性的翻译，有直译也有意译的争论。近代和现代的翻译，尤其是“五四”运动前后的翻译，主要是忧国忧民的学者译介当时比较进步的思想、科技方面的著作，更加关注如何通过翻译服务社会发展与进步，改变当时落后的社会状况，自然就“很少提到文本之外的责任问题”（朱志瑜，2009：7）。在中华人民共和国成立以后，尤其是改革开放初期，国内翻译活动依然集中在翻译实践的层面，以填补战争年代、艰难建设时代的翻译空缺，翻译理论的建设也主要是引进国外的翻译理论与思想。在这一背景下，直到最近 30 年，翻译活动与理论的探索才逐步恢复古代的繁荣，而意识到伦理研究在翻译研究中的重要性并将伦理作为一个视角引入翻译活动的阐释和理论研究只有二十年左右的历史。

我国翻译伦理问题的研究较早源于翻译中译者的道德问题，在《论翻译活动的三个层面》（许钧，1998）中，许钧教授在谈及“要怎么译”“能怎么译”和“该怎么译”时提到，“以往的翻译研究很少从理论上讨论‘道德范畴’的观念和认识对翻译活动的影响和约束。但翻译作为一项在一定社会里、在某个历史阶段所进行的人的交流活动，人们对它提出的许多原则，在某种程度上，与其说是建立在对翻译客观的认识基础之上的规律总结，不如说是一种道德层次的要求。比如，我们经常谈到的‘忠实’问题，我们很容易将‘能’与‘该’混为一谈。也正因为如此，我们现在所流行的翻译批评在很大程度上可以说是一种道德批评”（许钧，1998：53）。尽管许钧教授没有直接用到“伦理”概念，但他探讨的三个层次的问题都是翻译伦理研究的核心概念，遗憾的是，他本人或其他学者没有沿着他提出的这一方向深入研究下去。

2.2.1 对西方翻译伦理的译介与反思

翻译界对翻译伦理问题的关注由来已久，前文的论述中已进行了详细的介绍，具体包括：1984 年初贝尔曼（Berman）提出“翻译伦理”概念、倡导翻译的伦理研究及其尊重文化差异的伦理主张；韦努蒂自 1995 年以来对翻译的“归化”的文化霸权的揭露、批评以及其反对西方文化中心、文化殖民的伦理主张；皮姆基于交往行为理论的“文化间性”概念，提出译者应充当文化协调者并需要遵守职业规范；切斯特曼提出将译者作为翻译的主体及译者在翻译过程中应该遵守的规范。2001 年，译界权威杂志《译者》推出了 *The Return to Ethics*（《回归伦理》）专刊，国际译联也将“翻译与伦理”定为该年度国际翻译日的主题。在此背景下，在吕俊提出翻译伦理学构想的倡导下，中国翻译界也兴起了一股翻译伦理研究的热潮。

在提出翻译伦理学构想之后，要进行翻译伦理的深入研究首先要了解西方伦理研究成果。国内翻译界首先是对这些成果进行译介，申迎丽与仝亚辉的《翻译伦理问题的回归——由〈译者〉特刊之〈回归到伦理问题〉出发》一文率先介绍了《译者》年特刊发表的翻译伦理研究成果，尤其是切斯特曼的五种翻译伦理模式，随后韩江洪（2004）的《切斯特曼翻译规范论介绍》（44-47），陈振东（2010）的《理论视野》（85-88）、《翻译的伦理：切斯特曼的五大伦理模式》等都是对切斯特曼翻译伦理模式的详细介绍。康宁（2007）在《切斯特曼伦理模型与德国功能学派的翻译理论》中将切斯特曼翻译伦理模式理论与德国功能学派的翻译理论进行比较，认为德国功能学派的翻译主张中蕴涵了切斯特曼的再现伦理、服务伦理和交际伦理思想。

除了对切斯特曼翻译伦理模式进行引介、推广、应用外，也有研究者对五种翻译伦理模式提出异议，如陈志杰、吕俊（2011）的《译者的责任选择——对切斯特曼翻译伦理思想的反思》指出，切斯特曼的前四种翻译伦理模式反映的是完全不同的伦理价值观，所有的伦理责任都加诸于译者，而译者的德性能确保其做出正确的伦理抉择，这样只是把伦理的问题转交给了译者，并没有真正帮助译者走出责任选择的困境，进而提出了译者责任选择的“利益兼顾”“利中取大、害中取小”“弱者利益优先”“紧迫性责任优先”四项原则以实现译者的德性选择判断标准，对切斯特曼翻译伦理模式的缺陷进行了弥补。

此外，还有一些研究者也探讨了切斯特曼研究的不足。涂兵兰（2010）的《论切斯特曼翻译伦理模式》认为各模式间缺乏相容性，应用范围有一定的局限性，模糊了伦理层次，忽视了主体间的平等；梅阳春、汤金霞（2013）在《冲突——翻译伦理模式理论再思考》中，针对其翻译伦理模式理论对中国翻译伦理学发展的影响和国内翻译界出现的要以该理论为基础构建中国翻译伦理学的呼声，认为该理论的前四种伦理在服务主体、主体定位和译者定位三个维度上的冲突导致它们互不兼容，旨在融合四种翻译伦理的承诺伦理也未能解决兼容性问题，翻译伦理模式理论虽然对构建具有中国本土特色的翻译伦理具有借鉴意义，但“以翻译伦理模式为基础构建中国翻译伦理学的设想并不可行”；罗虹（2014）的《切斯特曼翻译伦理模式的贡献与局限性》认为前四种模式关注的伦理层面和所运用的伦理学研究方法不同，各模式本身存在着不足，译者还缺乏如何取舍这四种伦理模式的标准，具有一定的局限性。这些研究指出了问题，但没有提供解决问题的方案与思路。刘卫东（2008）则提出在交互主体性的视域下进行翻译伦理研究，对当前五种翻译伦理研究进行整合。陈瑛（2008）把西方翻译伦理模式概括为五种——对等伦理模式、功能伦理模式、对话伦理模式、规范伦理模式和差异伦理模式，这种概括比较准确也有一定创意，但缺乏新的实质性、建设性意见。

2008 年，王莉娜借鉴纽马克的“五项中间真理”、诺德（Nord）的“功能+

忠诚”、皮姆的“跨文化空间”概念以及切斯特曼的“四种价值”伦理思想探讨切斯特曼前四种翻译伦理模式，并对这些伦理模式及其所代表的伦理思想进行对比分析，指出它们各自的伦理学理论基础、适用范围、局限性，以探讨构建翻译伦理学的研究范式。《翻译的折中主义及伦理视角——纽马克翻译理论的再审视》（王莉娜，2009）论述了纽马克的翻译伦理思想，认为纽马克的翻译伦理思想是一种“修改版”“再现”伦理模式，集中研究个人伦理而没有涉及翻译职业伦理。

除了对切斯特曼的伦理模式进行研究外，国内翻译界对韦努蒂、皮姆、贝尔曼等学者的伦理思想进行的研究也不少。刘亚猛（2005）在《韦努蒂的“翻译伦理”及其自我解构》中介绍了韦努蒂的“存异伦理”思想，认为韦努蒂的翻译伦理研究遵循的是“后结构主义的基本理论议程”，对韦努蒂的“存异伦理”思想提出了质疑并对其进行了解构；蒋童（2008）在《从异化翻译的确立到存异伦理的解构：劳伦斯·韦努蒂翻译理论研究》中系统地介绍并论述了韦努蒂的翻译思想，尤其是韦努蒂的“存异伦理”思想；张景华（2009）在《翻译伦理：韦努蒂翻译思想研究》中，针对国内将其翻译理论作为解构主义的单一视角的情况，指出其翻译理论借鉴了后殖民主义、女性主义、精神分析等多种哲学思潮，并在差异性哲学基础上分析其如何将差异性作为翻译的价值基础，阐明了异化翻译与直译的区别和联系，使韦努蒂翻译伦理思想的形成背景、过程及变化轨迹变得明晰，最后，作者对其翻译理论的泛政治化倾向和反传统、反实用多伦理倾向进行批判，指出翻译伦理的民族性、政治性和历史性。

徐普（2011）在《安托瓦纳·贝尔曼翻译理论中的‘伦理’问题》一文中，对安托瓦纳·贝尔曼翻译伦理理论进行分析后认为贝尔曼是个“直译派”理论家，他的“直译”观与其“翻译伦理”有着紧密联系：后者为前者的出发点，前者为后者的旨归。不过，对于徐普的研究，申连云在《从操控到投降——全球化背景下翻译伦理模式构想》中提出了自己的异议，认为："有关贝尔曼的直译观与他的翻译伦理观的关系谈得好像很玄奥，我有点绕不清楚，'前者为后者的旨归'是什么意思？难道贝尔曼的翻译伦理观（后者）就是简单地主张直译（前者），或以直译为宗旨？伦理观是建立在价值的基础之上的，而直译不是价值，是一种翻译方法。"

此外，还有一批学者对皮姆的翻译伦理研究进行了引介和述评。王洪林（东方翻译，2018：85-89）的《也评皮姆的〈论译者伦理：文化间协调原则〉》对该著作涉及的译者的不同身份（包括中间人、信使、职业人士、协调人、传道者/使者、合伙人/合作者）以及译者伦理的几大原则进行了介绍，评价了文化间性概念及研究视角的创新，反对二元对立的翻译观，以及从哲学层面探讨了职业规范，以解决实践与理论分离的问题。方薇（2017）在《"翻译伦理"还是"社会道德"？》中，从梅肖尼克对皮姆译者伦理的理论实质进行的批评引出伦理学，借鉴伦理学相关理论资源，澄清翻译研究中对"伦理（Ethics）"与"道德（Morality/Morals）"的使用，认为皮姆的译者伦理是有代表性的西方翻译职业伦理探索，但并未穷尽"翻译伦理"所有可能，"翻译伦理"的理论丰富性不足。

2.2.2 翻译伦理学构建的探索

吕俊的《跨越文化障碍——巴比塔的重建》（吕俊，2001）一书中正式提出翻译伦理概念，他借鉴德国当代著名的哲学家、社会理论家尤尔根·哈贝马斯（Jürgen Habermas）的交往行为理论，从翻译的跨文化交往属性出发，提出翻译伦理研究是"翻译活动自身对伦理学的需要"（吕俊，2001：272）。2006年，吕俊与侯向群合著了《翻译学——一个建构主义的视角》一书，专门用一章对翻译伦理问题进行阐述，指出翻译活动如果没有道德理性和规范的制约，"就会被歪曲或被恶意地利用，从而造成不平等的交往关系”（吕俊，侯向群，2006：247），由此提倡建立翻译的伦理学，目的在于建立跨文化交往活动的行为准则。吕俊教授的翻译伦理思想与后殖民主义反对语言文化霸权、反对民族中心主义的思想大体上是一致的，都要求相互尊重他者文化，但与解构主义思想不同的是，他的翻译伦理思想是基于对解构主义的批判，认为解构主义翻译研究范式不仅缺乏理性精神，而且缺乏实践指向，不针对任何具体文本的研究，因此不具有方法论的意义。他提出从建构主义的翻译研究范式返回翻译本体，以实践哲学为基础重建翻译本体论的知识体系，强调语言学的言语行为理论和跨文化交往理性，进而建立建构主义的翻译学、翻译伦理学等。

吕俊关于建立翻译伦理学的倡议引发了王大智（2005）对翻译伦理研究的思考，在《关于展开翻译伦理研究的思考》（王大智，2005）一文中，他借鉴西方翻译伦理研究成果并结合国内翻译研究的实际，从翻译的跨文化交往行为和翻译的本质属性两个方面论述了翻译伦理研究的必要性，提出了一个展开翻译伦理研究的理论构想，具体包括四个层面的内容：认真考察中国几千年来的翻译历史，总结和梳理从古代到当代各个时期的翻译伦理思想，分析其社会、经济、文化、政治根源；正确对待国门开放后异质文化与本土文化的关系，借鉴国内外翻译研究和伦理研究成果，提出具有民族性和时代性的翻译伦理观念；将译者作为实践翻译伦理的行为主体，重点研究译者的权利、义务和责任；以翻译伦理与译者道德研究的成果为理论参照，对我国现阶段应该奉行的基本翻译原则提出参考性的意见。

很巧的是，在王大智提出这些构想的同时，彭萍于2007年发表的博士论文《伦理视角下中国传统翻译活动研究》所研究的问题与王大智提出的研究倡议中的第一个方面不谋而合。在序言中，辜正坤教授称赞该博士论文为“中国第一部从伦理角度来审视中国传统翻译活动模式的理论专著，用填补空白这样的话来描述它，是恰如其分的”（彭萍，2007：1）。该文梳理了中国传统伦理思想，从翻译的动机、具体实施和译本的接受与传播三个层面分析了伦理与翻译活动的关系，对传统翻译活动中的动机模式、文本选择模式、翻译策略模式、译本的接受和传播模式进行了归纳总结，并对林纾、严复、鲁迅的伦理思想进行了个案研究。在结论部分，她反思“翻译如何才能更好地发挥文化传播的作用”和“构建翻译伦理学的设想”（彭萍，2007：277-285），认为“在中国这样一个以伦理为本位的社会，翻译伦理学的建设就更有必要”。

关于翻译伦理学的构建还有不少学者提出了自己的建议。汤君（2007）的《翻译伦理的理论审视》首先追溯了中西伦理观念及伦理研究，提出从职业伦理和个人伦理两个层面上探讨翻译伦理研究的理论价值，指出职业伦理研究与从业者个人伦理研究各有特色，前者是主体间或人际间伦理研究，而后者是主体伦理研究，翻译伦理研究不可能是单一的、单向的。另外，杨洁与曾利沙（2010）在《论翻译伦理学研究范畴的拓展》一文中指出，“要建立翻译伦理学，视角仅局限于译者无疑过窄，也不可能建立起完整的翻译伦理体系”，因此“有必要从学科系统建构层面对翻译伦理学的研究范畴进行整合并作出拓展”（杨洁，曾利沙，2010：73），包括从翻译管理伦理、翻译操作伦理、翻译批评伦理以及翻译伦理的理论研究等方面，以促进我国的翻译伦理学的研究与发展。不仅如此，作者还提出翻译伦理的“研究任务主要是翻译活动各参与方应遵守的规范和履行的责任”（杨洁，曾利沙，2010：73），“各参与方”概念的提出打破了翻译伦理局限于译者的层面，拓展到包括赞助人、出版机构、管理机构、理论界等在内的翻译活动各参与方，对于这一点，笔者认为超出了翻译伦理研究的范围，而是与翻译有关系的商业层面的规范范畴，翻译研究是鞭长莫及的，也不可能实现。

目前，我国翻译伦理问题研究主题比较分散，不少学者试图探索如何构建翻译伦理研究的框架，这对于翻译伦理研究的健康发展具有非常重要的意义。刘卫东在《翻译伦理的回归与重构》一文中，在分析、介绍西方当前五种翻译伦理模式（即再现的伦理、服务的伦理、交际的伦理、规范的伦理和承诺的伦理）的基础上，提出应在交互主体性的视域下将其予以整合。因为这五种伦理模式“其实只是同一伦理问题的不同侧面，是翻译伦理在翻译过程中不同阶段、不同环节的具体表现”（刘卫东，2008：97）。他认为，“在翻译过程中，译者所受到的伦理约束是一个整体概念，我们不能简单地以其中之一来排斥其他伦理约束，相互之间具有互为联系、互为牵制的作用。交互主体性研究的是交往主体间的内在关系，强调主体与主体之间的相互独立、相互联系、相互制约。从交互主体性的角度，将当前盛行的五种伦理予以整合，无疑可以从整体上把握翻译伦理的研究，将翻译的伦理研究进一步推向深入”（刘卫东，2008：99）。可问题是，作者虽然提出要从交互主体性的角度对当前五种翻译伦理模式进行重构，也说明了重构的必要性、重要性，重点分析了原文作者、译者、委托者、译文读者等多个翻译主体之间的相互关系，提出了伦理关系重构的方向——交互主体，但重构之后的翻译伦理模式是什么？作者并没有进行论述，也没有后续的公开研究成果。

对于翻译伦理批评，郝俊杰（2017）在《论翻译批评的多维性及其伦理的构建》中表达了自己的见解，认为翻译批评是一种复杂而多维的实践行为，翻译批评的多维性质展现为五个方面，即主体性、客体性、方法性、功能性、人际性。从翻译批评的多维性推衍出翻译批评伦理构建的五个维度，即主体维度、客体维度、方法维度、功能维度与人际维度。对翻译批评性质与伦理的探讨，是一种元翻译批评研究的尝试。翻译批评伦理多维构建的最终目的是通向一种批评的秩序，促进翻译批评与翻译事业的发展。

2.2.3 国外翻译伦理研究成果应用

在对国外翻译伦理研究成果进行译介以后，国内学者开始把西方翻译伦理研究成果运用到实际的翻译研究中，对翻译实践中的问题从伦理层面进行解读。由于翻译的伦理研究往往与文化相关，而文学翻译是文化最集中的体现，国内学者运用翻译伦理理论开展翻译实践的研究主要集中在文学翻译领域，例如：唐培（2006）把西方翻译伦理研究成果运用到实际的翻译研究中，采用切斯特曼的五种翻译伦理模式理论，探究文学翻译中误读现象产生的原因；王姣、陈可培（2008）探讨了切斯特曼的翻译伦理模式在《红楼梦》英译本中的体现；陈燕荣、车明明（2010）以切斯特曼翻译伦理模式为指导对我国外宣材料的翻译进行分析研究；谢盛良（2007）从伦理和审美意识形态两个方面分别对 *Gone with the Wind* 两个译本进行了具体分析；魏家海（2010）从伦理视角研究美国汉学家伯顿·沃森英译的《诗经》；陶佳琦、龚晓斌（2016）在切斯特曼翻译伦理模式下对《儒林外史》委婉语英译进行研究；等等。

不仅如此，切斯特曼翻译伦理模式也被应用于翻译伦理问题的研究。孙致礼（2007）在《译者的职责》一文中，将切斯特曼的五种翻译伦理模式与中国的翻译实际相结合，首次应用翻译伦理研究视角从再现原作、完成委托人要求、符合目标语社会文化规范、满足目标语读者需求以及恪守职业道德五个层面探索译者职责的具体内涵；侯丽、许鲁之（2013）在切斯特曼翻译伦理模式下探讨译者主体对翻译伦理的坚守。

除此之外，部分学者还从翻译伦理角度对其他文体翻译进行了分析。吴云、潘敏（2009）从翻译伦理学的角度探讨了汉英广告语翻译；王恒（2010）则指出，商务文本翻译的伦理问题应以文本类型理论为指导，不同文本类型的翻译侧重不同的伦理模式针对译者伦理及翻译行业规范化展开论述。

国内学者在运用翻译伦理研究翻译实践问题的同时，也意识到翻译伦理在规范翻译主体行为方面的重要意义，并从译者职责、翻译人才培养、翻译职业道德以及翻译行业规范化等方面展开深入探讨。鲍川运（2007），黄德先、杜小军（2010），陈芙蓉、刘浩（2010）等均从翻译作为一种职业的角度入手，分析了翻译伦理研究的重要性。韩子满（2008）等学者认为，职业译者应了解翻译行业的规范及翻译行业的职业道德，其目的在于规范翻译市场。此外，刘季春（2005），骆贤凤、陈颖芳（2008）等探讨了如何培养合格译员，认为现行的翻译教育缺乏对译者责任心的培养，新的翻译教材体系应将译者伦理（译者的责任心或职业道德）纳入其中。刘连娣（2006）在介绍澳大利亚国家翻译行业协会（NAATI）对翻译人员的职业道德行为要求的基础上，认为我国可以借鉴其业已成熟的制度与做法；冯建忠（2007）则认为，职业道德规范应纳入我国翻译专业资格考试（CAT-TI）范围。另外，李兰、王禹奇（2007），杨洁、曾利沙（2010）等探讨了国家翻译标准的颁布对规范我国翻译市场发挥的作用。

第 3 章　传统翻译研究的伦理分析

3.1　翻译语文学研究的伦理特征

3.1.1　语文学研究简述

传统翻译的历史时期最长，从最初的翻译活动一直到翻译语言学派的研究都可以称为传统译论研究，或者称为语文学研究。不管是西方还是东方，这一时期的翻译活动主要集中在文学翻译与宗教翻译，也包括世俗文学的翻译，有关翻译的论述围绕这些翻译行为而展开。在西方的古罗马时期，罗马文学的三大鼻祖将《奥德赛》等古希腊史诗翻译为拉丁文，在罗马帝国后期，以《圣经》为代表的宗教翻译成为西方翻译的主流。随着文艺复兴在欧洲普遍流行，翻译活动拓展到哲学、政治领域。在这一时期，由于翻译高潮迭起，相关翻译论述层出不穷：古罗马翻译家西塞罗提出了“解释员”和“演说员”两种不同的翻译方法，贺拉斯在《诗艺》中提出“忠实原作的译者不会逐字死译”的名言，昆体良提出“与原作搏斗、竞争”，此外，还包括英国但丁（Dante）的“文学不可译”论、法国多雷（Dolet）的“翻译五原则”、巴特（Batteux）的“作者是主人”、泰特勒（Tytler）的“翻译三原则”、阿诺德（Arnold）的“风格论”等各种不同的观点，这些观点相互之间甚至进行了激烈的争斗。有着几千年翻译史的中国，情形也比较类似：东汉安世高佛经翻译的影响到宋朝逐渐削弱，代表人物包括鸠摩罗什、玄奘、道安等；明末清初出现了科技翻译，涉及欧洲的天文、几何、医学等方面的典籍，代表人物有徐光启、李之藻、杨廷筠等；从鸦片战争到五四运动的“洋为中用”的西学翻译规模宏大，代表人物有林纾、严复、鲁迅、钱锺书、林语堂、陈康、朱光潜等文人学者，其中，严复的“信、达、雅”、傅雷的“神似”说以及钱锺书的“化境”说都诞生于这一时期，可以概括为“文质”—“信、达、雅”—“神化”。

通过对中西翻译史及其相关理论的论述进行梳理和对照，可以发现这一时期的翻译具有高度相似性，虽然这段时期很长，但是各种不同的理论叙说具有统一的共性：由于没有明显的系统理论作为根基，主要是翻译经验的总结与应用，强调主观直觉判断，译者凭借悟性与灵感去完成翻译任务，重在实践层面的技艺，翻译被当成一门艺术。这种以自身有限经验的积累为基础、注重个人感受与好恶的翻译思想，流露出经验主义和自我中心的伦理倾向，在我国翻译理论中的“神似”“化境”之说、“似可悟，而不可析”之说中具有清晰的痕迹，同时也流露出神秘主义的色彩。

3.1.2 语文学研究的伦理解读

传统语文学研究中，不管是对原文的逐词翻译还是直译或意译，从西方贺拉斯提到的“忠实的译者”到中国从支谦一直沿用到严复的“信”，都没有离开对“忠实”的追求。对于传统译论中的“忠实”，当代翻译研究进行了各个层面的深入探索与研究，在相关的翻译批评中存在各种观点：一是“忠实”跟封建社会主仆、主奴、君臣、夫妻关系相同，是一种丑恶的伦理观念；二是很多研究者认为翻译的本质是重写（Rewriting）、摆布（Manipulation），必须加以抛弃；三是“忠实”

意味着作者对译者的霸权，使得译者社会地位低下；四是以解构主义为依据，从哲理上证明“忠实”的对象——原意是不存在的，“忠实”也就无从谈起。为此，王东风（2004）在《解构“忠实”——翻译神话的终结》对这种“伦理的幽灵”进行批评，认为忠实的概念是建立在“恒定不变的原意”“传统的归化翻译所推崇的忠实严重地扭曲了被翻译文化的文化身份”等一系列错误的假定之上的，通过德里达的“延异”“意图谬误说”证明“原意确定论的不切实际性”。与之相反的是，彭长江在《论“重写、摆布”论的本质与地位》（2006：24-29）、《翻译的忠实：含义、预设与实质》（2007：55-59）中对翻译的忠实进行了辩护，认为“‘忠实’自古以来意为‘以实相告’，是一种言语规范，属于一般的道德规范，而不是严格的封建等级制度下不平等人际关系的伦理规范，翻译的忠实就是以原文之实告译文读者，没有预设作者或原作对译者的霸权，没有预设百分之百的程度。忠实是译者的道德与法律义务，企图将翻译的忠实妖魔化与极端化从而证明它是应当抛弃的神话是徒劳之举”。对于忠实与不忠的问题，中西翻译界对此进行了激烈的论证。

从伦理学的角度来看，无论在西方，还是在东方，不可否认的是，翻译的“忠实”具有浓厚的伦理内涵，但也不仅仅只有伦理的指涉，这种伦理的概念具有双重属性。一方面，“忠实”指的是作为译者在翻译活动中应该遵守的基本的职业伦理道德，其意义在于译者不能随便“胡译”或“乱译”，在翻译的译文接受、读者的检验或翻译评判中作为一种基本的依据，换句话说，是要有基于事实的翻译，不能凭空捏造，这一点在当前翻译研究与实践中依然具有现实的意义。另一方面，如果脱离翻译职责的范畴，“忠实”翻译观就体现了另一个层面的伦理关系。在传统翻译思想中，即便“忠实”不是古代伦理教条的预设，但至少受到了当时历史时期的伦理观的影响。在当时的认识条件与水平下，客观世界处于中心地位，人要在自然界生存极为艰难，人的主体性还处于被边缘化的角落，作为认识主体的人对客观世界持一种敬畏和顺从的态度。

一个历史时期某一领域体现的思想必然离不开当时的历史与政治语境和人类的认识水平，翻译当然也不可能与当时的社会、伦理政治完全割裂开来。在翻译研究的语文学阶段，翻译“忠实”观反映的伦理思想呈现出这一时期的翻译伦理特征，也呈现出伦理非理性主义色彩。在西方伦理学史上，基督教伦理思想认为信仰高于理性，叔本华和尼采主张无意识的权力意志是道德的基础，认为理性和科学不适用于道德范围，近代弗洛伊德主义认为神秘的直觉和人的本能使人产生道德，这是典型的非理性主义。在非理性主义思想的影响下，人们不仅把人的活动看成不受社会条件制约的纯粹个人的随意选择，而且夸大个人爱好和激情的意义，把道德活动中的感情因素绝对化，由此认为道德实际是对个人爱好和激情的束缚。在翻译领域，这种以自我为中心、强调服从权威的倾向也体现出来，那就是以译文为中心、译者服从原文和原作者的翻译思想。

3.2 翻译语言学研究的伦理特征

3.2.1 翻译语言学研究简述

翻译研究的发展与语言学研究的发展是密不可分的，语言学研究的成果为翻译研究提供了新的视角与途径，产生了广泛而深远的影响。在翻译语言学研究时期，由于受地域和视角的影响，形成了布拉格学派、伦敦学派、美国的结构主义学派、转换生成派、交际理论派、功能学派等众多流派。从整体而言，这些学派的研究具有很大的相似性，他们都以语言固有的内部结构为基础，虽然也意识到了语言之间的差异性和外部某些因素的影响，但还是忽略了这方面的因素，更注重从理性层面对语言内部系统的研究，追求语言的规约性、稳定性，这样翻译研究就表现为纯理性层面的研究，打破了翻译文艺学研究的经验主义、神秘主义和自我知觉倾向。但是，随着语言学研究的逐步深入，人们发现这一研究模式在理论层面与具体的翻译实践同样存在一些无法解答的问题，在后期的研究中出现了某些全新的观点和倾向。根据其相关学派的有关论述和观点可以进行大致的划分，前四种具有比较相似的纯语言理性的特征，而交际理论派、功能学派虽然也是以语言学研究的理论为基础，甚至继承了前四种研究理论层面的成果，但又不限于纯理性研究的层面，逐步开始注重语言外部因素的研究。

布拉格语言学派继承了索绪尔的普通语言学理论，在承认各种语言具有同等表达能力的基础上利用分析比较方法研究语言，翻译要考虑语言的各种功能，重视语义、语法、语音、文学体裁方面的比较。雅克布逊首次提出了翻译中的对等概念，认为翻译是用一个语符单位替代另一个语符单位。伦敦学派从社会学的角度研究语言，认为语义是由言语使用的社会语境决定的，该学派代表人物卡特福德认为翻译是“用一种等值的语言去替换另一种语言的文本材料”（Catford 1965：20），翻译实践的中心问题就在于寻求等值成分，应对“文本等值”和“形式对应”进行区分，也提出了文化的不可译问题。该学派的另一个代表人物纽马克以语言意义作为切入点，将翻译定义为“把语言中某一语言单位或片段，即文本或文本的一部分的意义用另一种语言表达出来的行为”（纽马克，1991：27），提出了“文化对等”的概念，认为意识形态的成分越少，译文越容易贴近，将译者和原作者意识形态差异正式引入翻译，并认为读者与译者、社会与个人之间存在矛盾，更提出对原文作者的忠实和对译文读者的忠实相统一的观点，还认为对翻译的评判标准是译文是否准确精练地再现了原作者的意义和是否客观真实。他还提出了翻译批评的理论，将社会文化历史背景以及翻译公司、委托人等外部影响因素引入翻译研究中，其目的是提升翻译质量，将翻译研究归属于语言学的范畴。

与其他翻译研究学派不同的是，美国结构学派源于人类学对语言的研究，萨丕尔、沃尔夫等语言学家提出语言“相对论”，认为语言决定了思想，乔姆斯基认为人类具有先天语言能力，语言由规则支配，由表层结构和深层结构构成，由此而导致对语义的深入研究，在翻译研究中，受到这一语言学研究影响最大的是奈达。作为一位语言共性论者，他认为一个“落后”的语言结构不会限制它对世界的认识，不同语言文化之间能寻找到翻译对等语，这是一种对待不同语言文化的新姿态，有利于增进人类相互之间的语言交流和理解。虽然奈达深受结构主义思想影响，但随后深入到交际理论，认为翻译是跨语言、跨文化的交际活动，从译文接受者的反应角度提出“动态对等”“功能对待”的概念，到了后期，奈达从社会学、符号学的角度结合社会环境对翻译进行研究，提出以目的语和目的语文化为依归、以译文和译文读者为中心的翻译策略，导致了“异化”“归化”的翻译之争，初步体现翻译研究以文化为中心、服务读者的观念，是后现代主义翻译研究的雏形。

3.2.2 翻译语言学研究的伦理解读

翻译语言学早期的研究具有几个方面的共性：以基本的语言学研究为理论基础，承认不同语言之间的共性，认为掌握了语言规律就可以顺利地完成翻译，因而强调对语言内部规律的分析研究，并对不同语言在不同层面的意义单位进行对照分析，然后寻找相应的对等，其主要目的在于为翻译实践服务。这种翻译研究注重客观事实，具体的研究并没有涉及具体伦理的问题，但如果从伦理层面去分析，就涉及两个方面的内容：

首先，将翻译作为一门科学去探索，尽量避免外部政治文化等外部因素对翻译的控制，研究者们似乎表现出一种避免价值判断而回避相关矛盾的态度，但事实上是无法实现的。以翻译家奈达为例，他的翻译研究致力于从两种语言之间寻求从意义的对等到风格的对等，再到功能的对等，从文字层面来分析，他力求从纯科学的层面来对待翻译。在对等文化的态度上，其本人宣称的也是跨文化交际思想，以促进不同语言文化之间的交流，“创造了一种兼容世界各民族文化的更坦诚的气氛，这是迈向人类更好的交流和理解的第一步”（李文革，2004：127）。但是，奈达在翻译活动中却又脱离了初衷，针对翻译中的文化问题，他研究文化差异的目的是“尽可能利用译文语言优势消灭这些差异，从而为圣经翻译的宗教传道”（李文革，2004：129），他所采用的归化法“引起了中外学者的批评”（李文革，2004：129）。也就是说，他的翻译行为利用了《圣经》的语言去消除与其他语言文化的差异，这是一个无法回避的事实。

其次，翻译语言学研究范式将翻译研究作为语言研究的分支，也过分地强调了语言规律的作用，在这种研究范式中，实用技术工具理性占据了统治地位，人的主体因素被压抑了，作为译者的人，只不过是掌握了翻译规律的人，那么，译者就不是翻译过程中的主体，译者与原文作者、读者似乎都不存在什么关系了。不仅如此，语言学的研究文化差异的忽视，似乎回避了各语言文化伦理问题，但这一研究模式没有表现出对异域文化或处于不同历史时期的异质文化的差异性的尊重，没有表现出对具有主体性和意向性的他者的尊重，“看似价值中立的、抹平差异的做法其实掩藏了一种话语的暴力、意义的误读和更大的文化危机与文化矛盾”①。

随着翻译语言学研究的深入，以奈达为代表的相关翻译研究发现了研究中存在的问题，他本人各个阶段不同的翻译观是对这一问题最好的诠释。在功能派翻

---

① 杜玉生．西方当代伦理学的发展与译学研究——翻译研究中的伦理性问题[J]．广东外语外贸大学学报，2008：27.

译理论时代，翻译研究有了一些明显的变化，赖斯（Reiss）与弗米尔（Vermeer）在《转换理论的基本原理》中，提出“翻译应主要受控于占主导地位的功能”（Reiss、Vermeer，1984：96），“追求译文与原文的意图一致，则可称为‘忠实’”的观点。以弗米尔为代表的功能派突破了对等理论的限制，创造了“目的论”，从这一原则出发，翻译过程是由翻译行为所要达到的目的所决定的，具体包括译者的目的、译文的交际目的以及使用某种特殊手段所要达到的目的，提出翻译应遵循的“目的法则”“连贯性法则”和“忠实性法则”，突出翻译过程参与者的角色，分析出来七个翻译过程中涉及的参与者：发起者、原文生产者、译者、译文使用者、译文接受者。

翻译功能学派的翻译伦理思想尤其值得一提的是克里斯汀·诺德的“忠实性法则”。为了克服极端功能主义的影响，诺德于 1991 年在《翻译中的语篇分析》中首次提出“功能+忠诚”原则，他认为自由重写不属于翻译的范畴，因为“没有原文，就没有翻译”，“忠诚”原则是：“如果译者对原文做出的改动与译语文化中的惯例不一致，他就有责任告诉读者其翻译策略及其原因，而不应当欺骗读者”[①]。如果译者的传译与原文生产者的期望相悖，他也有责任向原文生产者解释对原文做了哪些变动，否则就等于误导原文生产者。至此，“忠诚”作为一种伦理概念在翻译研究中正式出现，涉及翻译过程中五个方面参与者之间的人际关系如何处理的问题，这与传统译学研究的“忠实”有着本质的区别。

传统语文学研究以及语言学派研究是一种语言层面的研究，而诺德从文化层面入手，认为译者是两种文化的纽带，作为周旋于两种语言文化间的协调人对所译作品对翻译行为参与者的影响是负有特殊责任的，他强调忠诚要求译者对译文

---

① 滕梅，张晓．诺德“忠诚原则”的伦理解读[J]．上海理工大学学报（社会科学版），2015，37（2）：117．

读者、委托人、原文作者忠诚，译者也要对他/她自己忠诚。诺德的忠诚指的是翻译主体之间的人际关系，也就是说，翻译是一种主体间性的交际行为，在实现服务和交际功能的前提下，还要受制于翻译义务的道德规范。在翻译活动中，忠诚是“一个道德伦理观念或称为职业道德原则”（Nord，2001：119），它决定着译者对其他参与者的责任。在极端功能主义的翻译观中，译文的功能或目的高于一切，翻译以译文达到某种功能为唯一目的，这样就使得翻译走向了另一个极端，“忠诚”原则解决了极端的功能主义理论以及传统译论的“忠实”观局限性问题，既赋予了译者主体性作用发挥的正常权力，同时也从职业责任的层面进行了伦理的规范，有利于提升译者的职业身份和形象，对翻译研究具有重大的理论意义。

诺德强调的“忠诚”相对于早期功能学派过于强调个人选择和文本操控的倾向有所限定和修正，为翻译的伦理探讨提供了更为广阔的空间，他认为翻译过程中不仅要探讨译者和文本之间的关系，还要关注其他有着特定目标和意图的参与者，翻译的伦理要建立在责任、信赖、译者的“显身”等之上。但作为功能主义翻译研究者，诺德依然没有完全跳出语言层面研究的束缚，其关注的范围并未超出翻译文本的直接语境和交际行为的直接目的，并未将翻译的目的导向背后的话语权力运作、多方利益的角逐以及译者在“双向责任”之外对文化政治现实的责任等纳入研究的范畴。

功能学派的忠诚在翻译界引起了不小的争论，目的论的代表人物弗米尔①对此也提出了批评，他申明自己虽然也认为译者有义务说明翻译的目的和翻译策略，但这与文化特殊性有关，而目的论是普通翻译理论，没有文化特殊性，不带有价值判断，不能与道德问题混为一谈；将普通理论应用于实践，自然会受到各种文

① Vermeer H J. A Skopos Theory of Translation(Some Arguments for and Against)[M]. [S.l.]: TEXTconTEXT-Verlag, 1996: 39, 42.

化规则的限制，但不应把这些限制写入普通理论。每种文化都可能有多种限制，没有理由单独列出必须忠诚这一限制；对一个人忠诚，可能导致对另一个人不忠诚。张南峰认为（2004：126）“该原则确有可取之处，但它并不是放之四海而皆准的原则，忠诚并不是唯一的或永远压倒一切的道德原则，它可能跟源自经济、政治、道德等方面的原则相冲突。因此，把忠诚单独提出来，可能令翻译工作者无所适从”。中外翻译实践的诸多实例表明，“由于政治、经济、文化、意识形态等各方面的原因，译者有时即使采取了有悖于其他翻译行为参与各方的期望的翻译策略，也无法向他们作出解释或说明”（张南峰，2004：127），换言之，译者不可能在任何时候对翻译行为参与各方都做到忠诚。由此可见，忠诚原则也并非绝对的、永恒的“法则”，从这个意义上说，该原则是存在着局限性的。但是，从另外一个角度来看，对翻译“忠诚”的有关争论恰恰说明，翻译中的伦理问题已经浮现出来，是翻译研究中不可回避的问题。

3.3 多元系统论的伦理特征

3.3.1 多元系统论简述

多元系统论认为，文化、语言文学、社会都是由互不相干的元素构成的，各元素或系统“互相交叉，部分重叠，在同一时间内各有不同的项目可供选择，却又互相依存，并作为一个有组织的整体而运作”[①]。在一个系统内部，周围相关系统是分层级的，“这些系统保持着一种等级关系，即有些系统占据一个更为中心的位置，或者说，有些系统是“主要”系统，而有些系统则是“次要”系统”（Gentzler，

① 伊塔马·埃文-佐哈尔，张南峰．多元系统论[J]．中国翻译，2002（4）：20.

1993：115）。那么，在文化系统中也是如此，翻译文学是文化系统的一部分，有时会占据中心位置，有时处于次要位置。在这个多元系统内，不同的系统之间并非保持着静态、恒久平等的地位，它们有时处于边缘，有时处于中心，而且永远在争取从边缘到中心的位置。因此，在任何一个多元系统内部，"某一系统的边缘或中心地位的演变都不是孤立的，都是与整体内的其他系统相关联的，甚至是与社会中最大的多元系统即世界文化多元系统相联系的"（Even-Zohar，1990：1-2）。

翻译多元系统论最初起源于文化研究，该理论的核心人物——以色列埃文-佐哈尔原本是文化研究学院教授，既是翻译理论家，更是一位文化理论家，他倡导的多元系统论有着特殊的历史文化背景：由于历史原因，希伯来文化缺乏古典文学作品，只能完全依赖从外部引进文学作品来实现本地文学的多样性与繁荣，而且，在整个以色列地区，商业及政治活动严重依赖翻译，甚至基础的文化活动或文化产品，以及整个地区的生存都依赖于它。正因为如此，翻译对于以色列人比对于任何其他国家的人来说都更为重要。通过研究以色列文学与外部世界文学的关系，佐哈尔发现，对一些实力强大的国家来说，翻译无足轻重，不会对该国文学、社会产生大的影响，但是，对于处于弱势的小的国家来说，翻译在这个系统中发挥了无比重要的作用，由此提出从系统思维的角度去考察文学中各相关因素的关系与影响。在他看来，在文学多元系统中，当这个系统没有定型、处于边缘地位、处于文学真空状态时，翻译活动会变得非常频繁，占据主要或中心的位置。

受多元系统理论的影响，另一位学者图里（Toury）继承了佐哈尔的多元系统论，在大量实地研究基础上，建立了一套以常规为核心概念的描写译学理论，突破了传统的以原文本为中心的研究思路。图里是翻译多元系统论的继承者，也是翻译描写研究的代表人物之一，其研究成果融合了功能主义的研究成果，其研究重在从文化的角度描写各种真实存在的翻译现象和翻译活动。虽然之前的欧洲传统语言学派也强调描写，但是他们强调的描写是语言层面的，而且尤为强调以原文本为参照，因而使得翻译研究深陷“对等”的泥潭。图里的描写性研究则从另外一个方向开辟新的途径，他从目标语出发，将翻译的社会文化语境纳入描写的范畴。图里进行描写性翻译研究的目的之一是发现翻译过程中译者的实际抉择，从中得出在某一多元系统中主导翻译的系统规则。图里通过对影响以希伯来语翻译外国文学的社会文化条件的综合研究，发现很多文本的选择是出于意识形态的原因，但译文依然被广泛接受，从而得出“翻译就是在目的系统当中表现为翻译或者被认为是翻译的任何一段目的语文本，不管所依据的理由是什么”（Toury，1980：23）这样大胆的论述。以其发表的论文《翻译文学的系统、规范与具体表现：以译本为取向的文学翻译探索》为标志，他构建了一个以译本为取向的文学翻译研究框架，其研究目标是“为译本以及译语文学多元系统和子系统中译本库的描写研究提供理论框架和操作程序，而其研究对象则是那些从译语文学多元系统角度看来任何被视作翻译的文本，即现有的任何一种译本”（Toury，1980：35-50）。目标语取向是与源语取向相对的一个概念，以文本为中心的传统翻译研究大多属于源语取向，信奉和维护原文本的权威地位，虽然他们没有完全忽视目标语系统的涉入因素，但是这些因素要么沦为语言研究的附属品，要么变成历史研究的范畴。图里掉转了观察的角度，沿袭埃文-佐哈尔的符号学传统，将翻译的功能定位在翻译文本在目标语文化中所占据的位置及其所践行的功用，将研究的方向引入了翻译实实在在发生作用的地方——目标语系统。翻译之于目标语端的功能是多方面的，图里从文化系统视角对翻译的功能进行了阐释：①翻译可以填补目标语文化的空白；②翻译可能迎合目标语文化特定社会群体的文化需求；③翻译可以成为引进新的文学和文化模式的重要途径（Toury，1995：26-27）。他强调翻译在目标语文化系统中的地位，虽然不一定是中心位置，但却是目标语文化系统中不容忽视的客观事实。赫曼斯认为，目标语取向“使翻译研究具有独立的研究对象，为译者的‘角色’正名，巩固了翻译研究作为一门独立学科的合法性”（Hermans，1999：37-38）。

在翻译研究的语言学研究浪潮中，多元系统论的出现在西方学术界引起了热烈的反响，多元系统论对推进翻译研究贡献巨大：其一，新范式对翻译研究影响深远；其二，推动了翻译研究的文化转向。正如贝克（Baker）所言：“这一使不进行价值判断成为可能的非精英化、非规约化（描述主义）新范式对翻译研究带来了深远的影响”（Baker，1998：177）。因为它把文化研究引入了翻译研究，将它在理论与实践两个领域进行探索。一方面，多元系统论对文化问题的关注与传统语文学研究有很大区别，它包括但不限于仅在翻译实践层面的经验阐述，也不是对某一个具体的翻译案例进行说明，解决在翻译方法与策略上如何处理文化差异的问题。另一方面，在研究模式上与语言学研究也完全不同。语言学研究也涉及文化的问题，但重点关注对不同文化背景下两种语言之间的对比研究，其目标是寻找两者之间的各个层面的对等，而多元系统论将翻译研究与文化研究融合在一起，关注两者之间的内在关联，把翻译和译作与所产生和被阅读的文化语境、社会条件、政治等许多因素结合了起来，“从描述活动中看到文化译介过程背后的诸多因素，如意识形态、诗学、赞助人等”[①]。多元系统论将文化问题作为翻译研究的一个核心影响因素，开拓了一个相当广阔的研究领域，开启了文化整合范式的新模式，弥补了语言学翻译研究范式的缺陷，推动了西方译学研究范式的演变。

① 谢天振．多元系统理论：翻译研究领域的拓展[J]．外国语，2003（4）：59．

3.3.2 多元系统论——通往文化的伦理

在多元系统理论之前，翻译研究是规定性研究，研究者大多带有个人价值与伦理的判断，主要谈论“什么是好的翻译”“翻译应该或必须怎么样”等主观性强的问题，结论则不外乎“忠实”“通顺”“等效”“流畅”。多元系统论强调翻译批评和翻译研究的差别，在选择研究对象时排除价值判断准则，主张对中心和边缘系统一视同仁，在思想意识上大大提升了翻译的文化地位，有学者指出，多元系统论可以看作文化学派的一种文化形式。多元系统论无意涉及各文化之间优胜之分的伦理问题的争论，只是从描述的角度将翻译实质上与伦理相关的问题呈现在人们的眼前，但同时赋予了翻译文学在文学多元系统和文化多元系统中的合法地位。将文化问题引入翻译研究，对文化中心与文化边缘这一客观事实的描述必然会将翻译研究中各文化之间的伦理问题引向激烈的辩论。

描写性翻译论者认为，译文的基本功能是给读者提供信息，要符合译语规范和对应的社会心理和文化背景，翻译研究要注重译者与译语读者之间的关系、译作和译作文化之间的关系。由于语言蕴含了文化、结构、文体、常用语等丰富的信息，两种语言之间存在着根本的差别，图里假设源语文化和原文为一端，称之为“充分性”(adequacy)，目的语文化为另一端，称之为“接受性”(acceptability)。按照传统的原文本与译文文本的翻译批评模式，批评者们总能在译本中找出一些错误并提出相应修改意见；在文学层面，译本总是在某些地方不及原作的生动性和创新性。但实际上，因为时空、文化的差异等原因，无论译者如何协调都只能顾此失彼，不可能同时保全这两端。翻译总是位居其间：既不可能完全被接受，因为它总为译语文学系统引入新的信息和陌生的形式；又不可能充分再现原作，因为文化规范会导致原作的迁移。在面向原作者还是面向读者方面，译者势必面临到底忠实于谁的伦理关系选择，要么向源语文化靠近而倾向“充分性”，要么向目的语文化靠近来倾向“接受性”，译者翻译实践的过程也是与“充分性”和“接受性”斗争、融合的过程。

为了系统描述和解释译作在译语文化系统中的运作状况，以及决定译作生成的各种社会历史因素，图里提出了翻译“常规”的概念。“常规”本是一个源自社会学与社会心理学的概念，在社会行为规范中，符合常规的则会被保留并用于判断其他行为是否合乎要求，而那些在社会中不符合常规的行为道德准则会被抛弃。常规最早引入翻译研究是指译者所要遵守的语言规则，而图里把常规当成解释社会文化活动的关键概念，两个文化极端之间的中间地带，一般称为常规。图里将翻译常规分成了初始常规、预备常规和操作常规：初始常规关涉译者的基本语言文化取向，即译者是选择顺应源语语言文化规范还是选择顺应译语语言文化常规；预备常规关涉翻译的政策和翻译的直接性问题；操作常规支配译者在翻译过程中所做出的各种决定，其中包括支配语言材料分布模式的框架常规和支配文本表述方式的语篇常规。

翻译中，常规不仅在各种翻译中产生作用，而且贯穿于整个翻译的过程。在特定的文化或者文本中，常规指被优先且反复采用的翻译策略，译者如果想要自己的译文被所在的社会接受并且完成译文的功能与价值，需要遵守这些已经约定俗成的规范。图里所关注的常规不仅指两种不同的语言在语法、文体、词语选择等语言角度所允许译文生存的各种规范，更包括它们所存在广阔的文化、社会等大系统中的各个子系统或者子因素的“规范”。首先，译者需要根据目的语文化中社会、经济、政治和文化的政策来判断译文本是否可以得到社会和人民群众的喜爱，一般只有符合目的语文化“常规”的作品才会被介绍进入目的语文化。然后是译者让译文在靠近源语文化和文本还是靠近目的语文化和文本之间做出“充分性”和“接受性”之间的倾向性选择，一种是遵守源语文化和原文的“常规”，另一种是遵守目的语文化和译文的“常规”。如果译者遵守前者，那么其翻译的目的是最大限度地追求在译文中表现原文与源语文化；如果选择后者，则会在翻译过程中打破原文和源语文化的限制，译文会或多或少地出现偏离原文的现象以符合“接受性”的需要。当然，由于译者受到了很多不固定因素的影响，因此译者在“充分性”和“接受性”之间的位置是动态变化的，这也就是为什么同一部作品让不同的译者翻译，会得到不同的译本的原因。

图里的常规论给予了译者更充分的翻译选择权和更大的自由度，传统译论所推崇的理想化和抽象化的翻译模式不复存在，译者不必为追求“等值”刻意保持审美或价值中立，可以将自身的文学和文化取向融入译本之中，翻译就成为译者“操控”原文以顺应译语文化的过程，甚至为译者的“不忠实”找到了合理的理由。常规论将译者在翻译活动中的主体性提升到了前所未有的高度，译者与原作者、读者之间的伦理关系有了质的变化。

第 4 章　文化转向后的翻译伦理走向

4.1　翻译研究的文化转向

传统翻译观将翻译活动理解成两种语言之间的转换，因而翻译研究一直以语言分析和文本对照为主要任务，20 世纪 70 年代后，翻译研究呈现多元化的趋势，突破了传统美学、语言学模式而上升为对一种文化的反思，而多元系统理论和翻译描写研究的出现为这一转变吹响了前进的号角。随后，在西方后现代主义文化思潮迭起，文化批评和文化研究在西方人文社会科学领域崛起，翻译研究领域出现了以荷兰学者霍姆斯、以色列学者勒弗维尔等为核心的文化研究学派。翻译研究的文化转向引起了译者主体性研究的兴起，突破了传统译论中译者与翻译中其他翻译主体之间的伦理关系，更引发了因翻译中文化问题处理而导致的文化伦理、政治伦理方面的冲突。翻译研究中存在的伦理问题被研究者们正式提出来并进行深层次、宽领域的讨论。在后现代主义的影响下，翻译研究领域出现了翻译伦理相关问题的激烈讨论。

4.1.1　文化转向

翻译研究的文化转向不是凭空而来的，从最深层次的角度而言，其根本原因在于人类认识的变化。长期以来，哲学研究尝试着用不同的方式从共时、历时不同层面探寻人类社会的发展规律与趋势，在发展史上经历了三个重要的历史阶段：古代的本体论范式—近代的认识论范式—现当代的文化论范式。古代的哲学意识在神灵和自然的双重作用下，唯灵论者偏向精神概念，唯物论者偏向物质概念；中世纪的哲学意识则立足于天启的信仰教义，上帝的概念覆盖了所有的存在；近代的哲学意识处于启蒙时代，经验和理性成为统治思想。传统哲学深陷极端主观主义和极端客观主义的陷阱，形而上学受制于物我两分的二元论，理性主义哲学导致人类生存环境的恶化、全球文明冲突的矛盾和爆发；当代文化论范式的哲学意识从语言问题和生存意义入手，逐渐向“符号系统”靠拢，以“生活世界”为依托进行文化反思，文化概念成为共通的哲学意识，并成为后现代主义的多元文化论的叙事模式。

哲学研究的文化转向具有重要的意义。在传统范式下，决定历史、社会与文化中的具体事件和行为的基本的规则被称为机构，各式各样的文化现象成为人类心灵结构的产物，是心灵的无意识的、集体意识的或逻辑的结构产物。这种模式强调社会环境以及构成社会环境的社会实践的作用，忽略了文化对社会环境的影响，文化始终处于边缘，没有自身的空间，只有被结构决定和被化约的屈从，处于被遮蔽的状态。20 世纪 80 年代以后，随着文化反思的不断深入，出现了解构主义、后现代主义、后殖民主义等多种思潮，“文化转向”使文化从研究对象逐渐走向了研究的视角，涉及包括理论、方法论和价值论在内的整个范式的转变，深刻地影响了人们对人类社会本质的认识。

哲学研究的文化倾向也深深地影响到人类学、社会学领域各个学科领域。近几十年来，西方英语国家人文社会科学将“文化”置于研究的焦点，在有关社会正义、归属、认同、价值等问题的研究中出现了文化研究的倾向，在人文社会学科形成各种“文化转向”，成为第二次世界大战以来的一次极为深刻的社会观与政治观的变化，其中包括文化地理学、西方马克思主义、科学哲学、比较文学等众多领域。作为全球普遍关注的国际性学术思潮，文化研究将各种与文化相关的现象纳入大文化背景中予以分析，不仅在文化史背景中阐发伟大的思想，还阐明各种特殊生活方式的文化意义和价值，给各种学科增添了巨大的活力和学术创造力，为我们提供了比传统研究更为广阔的学术视野和新的研究模式。

文化研究受到哲学研究文化范式的影响，很多传统观念有了颠覆性的变化。在工具理性和价值理性大行其道的时代，文化被人为地区分为精英文化与大众文化、中心文化与边缘文化。雅各布·布克哈特的《意大利文艺复兴时期的文化》和约翰·赫伊津哈的《中世纪的衰落》是西方文化史研究的不朽典范，都用通史的眼光将各种文化门类统一起来进行综合研究，分析其间的相互关系以及同所谓“时代精神”、民族精神间的联系，但他们眼中的文化是阳春白雪的精英文化，直到20世纪50年代，汤普森依然坚决地反对将关于大众文化的研究放在“意义、态度和价值观”的精英阶层中，而试图将之置于“其恰当的物质空间”“一种社会关系的特殊平衡状态，一种剥削和反剥削的工作环境”之中[①]。不仅如此，古典文化论假定文化的统一性和普遍性，黑格尔的“时代精神”实质上预算了同一时空下的文化具有共同的特征，所谓理性主义时代、浪漫主义时代也是人为地给历史贴上的文化标签。

在后现代思潮的影响下，文化研究有了革命性的变化，它摒弃了社会与文化的对立或无文化的社会概念，尤其是彻底抛弃了“文明与野蛮”“精英文化与大众文化”“中心与边缘”的二元对立，认为存在着多种多样相对形式不同的文化，研究焦点从精英文化转向大众文化，一些非主流文化也成为研究重心。由此一来，旧的以地域、种族、民族为划分标准的对文化高低优劣的评价体系早已被打破，

① 爱德华·汤普森. 共有的习惯[M]. 沈汉，王加丰，译. 上海：上海人民出版社，2002：5-6.

对文化的理解也日益通俗化，各种文化活动、习俗、信仰和观念连同存在于每个人及其周围共同的、流行的，甚至世俗化的言谈举止、娱乐消遣都列入了研究的范畴。

文化研究自然离不开文化的批评、批判，文化研究的新范式导致了政治、伦理层面的争辩。自 M.韦伯和 G.齐美尔等展开现代性批判以来，哲学反思与文化批判就画上了等号，我们今天完全生活在一个“文化环境”之中，现代世界的种种问题也必须追溯到文化身上，“在这个世界，最普遍的、重要的和危险的冲突不是社会阶级之间、富人与穷人之间，或其他以经济来划分的集团之间的冲突，而是属于不同文化实体的人民之间的冲突”①。事实上，在我们生活的世界之中，“身份认同的树立，越来越取决于我们对某种形象的追求；而不平等现象与公民的参与，则要通过包容与排斥的话语来定义……今天，女权主义者、同性恋活动家、原住民、少数种族提出的政治要求，不仅是关于经济不平等与法律权利的问题，还有身份认同与文化承认的问题”②。对于许多后现代主义思想家来说，文化批判不仅可以审视势头正猛的全球化趋势，而且还能够应对当今社会的种种问题。无论是经济的和政治的斗争，还是民族的和宗教的冲突，似乎都可以用文化概念来加以解读，都可以通过文化批判来寻求化解的路径。

4.1.2 翻译研究的文化反思

早期的文化研究打开了翻译文化研究的大门，“佐哈尔和图里放弃了翻译的‘忠实’观，从现实的翻译产品入手，力图逃避原文为翻译所设下的认识论枷锁。

① 詹明信．晚期资本主义的文化逻辑[M]．张旭东，编．陈清侨，译．北京：生活 • 读书 • 新知三联书店，1997：427．

② 菲利普 • 史密斯．文化理论——导论[M]．张鲲，译．北京：商务印书馆，2008：VI．

然而，他们最终都未能完全超越形式主义、科学主义和二元认知模式的局限”（Gentzler，2004：145）。佐哈尔和图里在关于翻译与文化的关系研究方面，探讨了翻译文学对目标语文化的形成与完善的影响，但对文化对翻译研究的复杂性、系统性的影响的研究还不是那么充分，不过他们的研究成为翻译研究界一股新的风向，直至翻译研究文化转向的发生。在翻译研究将文化语境化后，巴斯奈特和勒弗维尔成为文化研究的先锋，在巴斯奈特看来，翻译应该以文化为单位，不应该停留在语篇的层面，翻译不是简单的解码—重组的过程，更重要的是一个交流的行为，翻译不应仅限于对源语文本的描述，而在于该文本在译语文化里功能的等值，不同的历史时期翻译有不同的原则与规范，语言和文化是有机的生命体，脱离文化语境的文本翻译都是不合理的，翻译研究应该从传统译学的对等、忠实等束缚中解脱出来，采取描述性方法研究隐藏在文本背后的历史文化因素、翻译的功能和地位以及译本在译入语文化中的接受程度等。1990 年，两人在合著的《翻译、历史与文化》中正式提出了“翻译的文化学转向”，标志着翻译研究文化学派的形成。在随后两年内，勒弗维尔出版了《翻译、重写和文学名声的操纵》《翻译、历史与文化：原始资料集》，其文化思想与翻译文化理论得以集中体现。翻译研究文化学派在翻译史上被称为是具有“革命因素”的学派。文化语境作为翻译的基本影响因素，文化学派的观点对以前的理论完全是颠覆性的。文化学派将文化作为翻译的单位，强调翻译中文化的地位以及翻译（尤其是文学翻译）对文化的影响和意义，打破了传统翻译在词、句子、篇章等各个层面的“对等”翻译观，更为重要的是，研究模式的转变也带来了翻译研究的文化反思。

当文化反思在人文社会学科广泛开展之时，以语言为载体的翻译文化研究也突破了传统美学和语言学研究而上升为一种文化反思，并首先在荷兰、以色列等“低地国家兴起”，这些地区正好处于主流文化的边缘，这一点正好印证了后现代文化研究反精英、反中心的潮流与走向。当然，翻译研究的文化转向与其他学科的文化转向既有共同的范式特征，也有其自身的独特原因与规律。从表象而言，翻译活动必然涉及两种语言之间的转换过程，而语言与文化之间具有非同寻常的关系，世界上每一种语言蕴含了长期的历史、哲学、艺术、心理等各方面的沉积，翻译活动不仅是语言文本转换过程，还涉及两种语言所承载的不同文化。即使不是一个翻译研究者，有着常识的普通人都懂得不同语言背后的文化是多么不同。翻译既要突破语言的障碍，还要突破文化的障碍，是一件非常复杂的事情。不仅如此，环境、生活经验、思维模式、风俗习惯、宗教信仰以及对客观世界的认识角度和水平的不同造就了迥然不同的语言文化，任何一个译者都不是独立于特定的文化背景而存在的，其头脑中都深深地打着文化的烙印，在翻译的过程中，译者永远与文化脱不了干系，不可避免地要受到文化因素的制约和影响。因此，不管是翻译活动，还是翻译研究，不可能在脱离文化的真空里进行，就如苏珊·巴斯奈特所说"译者就像一名正在给心脏做手术的外科医生不能对心脏周围的肌体熟视无睹一样，从事翻译工作的译者和从事翻译研究工作的翻译理论工作者不能只满足于语言的分析和文本之间的对照与转换而忽视了文化因素的存在"①。

对翻译活动中的文化问题，很久以前译者们早就意识到了文化对翻译行为产生的影响，如果仅仅将翻译的文化转向停留在上述层面显然是远远不够的。翻译的文化转向必然涉及一些操作技巧的问题，但更重要的是文化作为一种研究的视角和途径，是研究的基本出发点和研究的语境文化。因素对于揭示翻译活动的规律和丰富翻译理论的研究有着至关重要的意义。根据巴斯奈特和勒弗维尔（Bassnett、Lefevere，1990）的观点，翻译绝不是纯粹的语言行为，而是根植于文化深处的一种行为；翻译就是文化内部和文化之间的交流；翻译对等就是源语

① 孙会军，郑庆珠．译论研究中的文化转向[J]．中国翻译，2000（5）：11．

与目标语在文化功能上的对等，并以此创立文化翻译观：翻译不应停留在传统的语篇之上，而应以文化为翻译的单位；翻译不只是一个简单的译码、重组过程，还是一个跨文化交流的行为；翻译不应局限于对源语文本的描述，而在于实现该文本在译语文化里功能的等值；不同的历史时期翻译有不同的原则和规范，但这些原则和规范都是为了满足不同时期的文化需要和一定文化语境下不同群体的需要。

4.2 文化转向对翻译伦理的诉求

4.2.1 伦理问题的显现

翻译研究文化学派的初衷在于：人类在翻译的跨文化交际中实现不同语言间的文化交流，减少信息交换中产生的文化误解和冲突。在世界各地人类文明的发展历史上，形成路径、外部环境的不同导致了文化多样性。多样性就意味着差异，差异就需要交流和沟通，通过交流实现相互理解，从而实现文明互鉴、文化融合。在实际跨文化交往中，面对不同文化之间的巨大差异，不同的群体或个人会有不同的选择，其中一部分选择倾向于尊重文化他者，尝试从他者的文化背景去理解其文化行为方式，虽然不赞成，但尊重他者的文化特性。但也有一部分表现出对异质文化的犹豫、徘徊，甚至对抗，从而引发激烈的冲突与矛盾。当前，世界中西两大文化阵营的基本现实正是这一文化关系现象的真实写照。在全球化的影响下，不同民族文化之间由于现实需要选择尝试性对话与交流，在很多领域初步达成共识，但意识形态下的本原文化是根深蒂固的，远远没有达到放弃对抗所需要的全面深入与理解。

翻译研究的文化视角将不同文化差异的问题摆在了面前，在翻译涉及的源语和目标语的文化地位、译者对不同文化的认知以及翻译对不同文化进行归化处理还是异化处理方面势必引来矛盾和冲突。在翻译研究过程中，研究者希望通过翻译来实现跨文化的交际，如何成功实现跨文化交际、各文化民族间的交融，是翻译文化研究者所要直面的一个问题。不仅如此，在文化语境下，文学是一个系统，和其他社会系统相互影响和制约，包括文学系统的内部和外部，外部的因素主要是赞助系统的力量，包括意识形态、经济和社会地位。在一定历史条件下，翻译与制度、学说、政府、学术界支持、私人企业资助等都有密切的关系，翻译研究会受到所属文化、传统诗学的影响，应该考虑权力、意识形态、诗学和赞助人诸因素。也就是说，因为翻译研究已经深入到翻译过程涉及的各翻译主体之间的关系，而伦理学是以各种关系研究为目标的，所以，翻译研究的文化转向为翻译伦理研究的出场提供了研究的氛围和依据。不仅如此，随着研究的不断深入，研究者也发现，一种翻译文本的背后往往隐藏着一种权力关系，不论是出于无意识还是出于某种特殊的目的，某些处于权力顶端的文化凭借其在发展过程中所取得的历史、政治、经济等方面的优势在事实上实施着文化的霸权主义，这在翻译研究中逐渐暴露出来。

4.2.2 跨文化交际的伦理诉求

翻译活动从本质上讲是一种跨文化交际活动，翻译具有典型的跨文化交际的功能，这也是翻译界早已达成的共识。一方面，翻译必然会涉及两种或两种以上不同的文化，即两种或两种以上不同的语言所反映的不同民族各自的风土人情、历史背景、宗教信仰、心态特征、思维方式等。在跨文化翻译过程中，译者需要面对两种文化的差异、碰撞和对话，并经过一系列复杂的两种文化的认知活动，最后才得以重构适合译语读者文化认知环境的文本。另一方面，翻译又是一种交际活动。跨文化翻译过程中，译者要和原文本、原作者与译语读者对话，只有如此，译者才能跨越文化和时空的障碍，并克服自身在语言文化方面的局限性，从而找到翻译的最佳契合点。

事实上，跨文化交际活动自古有之，因为只要是来自不同文化背景的人进行的交流活动，就都可以称为“跨文化”交际。但是，在人类社会发展的历史长河中，从没有像现在这样对跨文化交际如此重视，跨文化交际甚至发展成为一个独立的学科，在翻译领域形成跨文化翻译研究热潮，其原因何在？如果反思我们当今社会面临的社会问题就可以找到答案，那就是当今普遍存在的两个相互冲突又同时并存的基本潮流：文化全球化和本土化。全球化与本土化造成了当代文明内部的一种矛盾和张力，正是这种矛盾与张力给跨文化交际研究带来了新的契机与挑战。全球化潮流为世界文明的发展提供了一个广阔的舞台，使世界上各种文化之间能够进行文明对话和交流。但是，由于历史的原因，每一种文化都形成了相对固定的文化价值体系，并以此形成其价值判断的标准。也就是说，本土化潮流中也反映出种族中心主义，并且种族中心主义不是特殊现象，而是一种普遍存在的事实。因此，当今世界全球化与本土化潮流的并存使得各文化之间得以对话的同时，也必然带来矛盾与冲突。

在实现翻译的跨文化交际功能时，如何使文明冲突变成和平对话，也就是说，我们怎样才能实现成功的交际，这正是文化研究和跨文化翻译研究的根本问题。跨文化交际中，我们势必追问人们行为的对错、好坏，指导我们的行为原则和方法，意味着我们必须同他人讨论我们和他们的基本价值、规范、对与错的标准，我们怎样进行交际才是正确的。所以，我们对交际行为进行对与错的评价是一个交际问题，更是一个伦理层面的问题。所以，成功的跨文化交际活动离不开跨文化交际伦理，行之有效的跨文化交际伦理规则的建立是成功的跨文化交际的必要条件之一。

在“全球化”的趋势下，不同文化背景的人、怀着不同的价值观念的人企图在精神文化的领域里建立一个互容互惠的文化世界。人类文明正在走向“一体多元”。“一体”则指人类文明内在的多样与多元所启示的丰富的多层面与多方位的价值整体性，也就是人性的整体性。“多元”则指文化发展的多元趋势：人类在历史的演化过程中由于不同的生态环境构成了不同类型的文化，每一种类型的文化都由生活于其中的人们的思想、行为的特质项构成了其特定的文化模式，特定的文化模式造就了特定的价值取向、伦理规范。因此，多元文化的直接反映是多元的价值取向，多元的价值取向则带来了多元的伦理规则。

跨文化交际活动是在不同的伦理规则中寻求沟通的过程。在沟通的过程中，一方面我们固然看到多元的伦理规则之间彼此有一些无可消解的冲突与矛盾，这是多元文化并存的必然结果。但是，同时我们也必须承认彼此之间有许多共同的价值，这体现了人性的整体性。文化的多样性不等于一切事物善恶的相对性。每一种文化都有其特殊的价值取向和伦理规范，但任何特殊的道德现在都存在于人类生存的全球语境中。每一种文化都与世界的其他部分相联系，它必然有最低限度共同的价值与道德标准，使其能够与他人共存。由于现代技术和经济，在某种意义上人类现在有一个共同的命运。它呼唤着人类在以往的经验中寻求更多的共同的价值和道德标准，以实现人类文明的整合与会通，以使人类文明迈向一个新的巅峰，进一步显现人性的整体。

跨文化交际伦理是能够包含每种文化的普遍的行为准则和价值目标的，同时含有不同伦理规范所具有的共同的价值的伦理规范。它体现的正是一体多元的世界对差异的正视与对文明的整合与会通的渴望，以及对整体人性的追求。因此，跨文化交际伦理问题的凸现是一体多元世界发展的必然结果，跨文化交际伦理的建立更是人类社会发展的必然结果。

4.2.3 翻译“重写”论对伦理的呼唤

在文化学派看来，不同的文化语境决定了文本的意义不是固定不变的，“翻译的目的是使译文在文化中起到的功能与原文在原文化中起到的功能完全一致，文本不是静止不变的，它是译者对作者意图的理解，并将其意图创造性地重现在另一文化的语言表现之中”（Mary Snell-Hornby，2001：2）。这种创造性最终导致了“重写”翻译观。就翻译本身而言，“重写”意味着译者对原作的“误解”和“谬见”，意味着译语系统与源语系统之间的某种“妥协”，译者在两种文化和文学系统中游刃有余，自然成为一个“妥协高手”。这种妥协更多是基于意识形态或诗学层面的考虑，文学系统中种种制约因素最终都聚集在译者的翻译选择上，而译者自身的意识形态显得尤为重要。无论何种面貌的译本，都是译者基于自身意向进行操纵的结果，但译者同时还受制于自身的历史观念、文学观念及语言规范等。译者与评论家、历史学家、文集编纂家一样，“在客观性的伪装下行使颠覆的权力”。源语系统与译语系统之间的张力凸显了译者在翻译过程中的能动性，译者再次被推到了台前。

作为文学学派的典型代表，巴斯奈特和勒弗维尔等人强调“翻译即重写”“重写即操纵”。在勒弗维尔看来，重写是一个文学的捍卫者改变当地文化规范的重要手段，对推动文学系统的发展具有非常重要的作用。在翻译过程中，翻译必定受到译者或当权者的意识形态和诗学的支配，必定不能真实地反映原文的面貌，不同文化背景的读者有不同的理解，不同的译者目的有不同的翻译，不同的读者有不同的期待，译者往往自觉或不自觉地在原作诗学和自己所处诗学之间进行协调，对原作内容等进行增删甚至篡改。通过对文本的改写，翻译创造一个新文学和文化形态，重写延续并改变了原文的生命。因此，重写“具有巨大的力量”（Bassnett，1990：8），可以操纵文学、操纵文化，通过对文本的操纵，可以巩固也可以破坏现存的思想意识与诗学。因此，翻译与权威和合法性有关，与权力有关，重写是为权力服务的有效手段。

翻译重写理论的翻译观在翻译发展史上是震撼的。一方面，其描写性研究反映了翻译史上客观存在的翻译活动中的真实存在，改变了以往翻译注重语言层面的研究，研究重点从原作转向了译作，从作者转向了译者，从源语文化转向了译语文化，提供了一个全新的研究视角和研究方向，拓展了文化与翻译互动的新空间，重新审视了翻译的本质，将译者从边缘的地位完全解放出来，使译者与翻译中其他主体之间的相互关系也得以被重新审视，导致译者主体性的研究不断深入。与此同时，文化学派使得翻译成为赞助者、译者、评论者操纵读者、操纵社会的任意行为，译者实现了文化的协调和操控，在抛弃了“忠实”“对等”翻译原则之后的译者主体性有过分彰显的倾向，这种倾向最终会导致伦理的批评，那么，如何规范译者的行为是需要研究和解决的问题。与此同时，其反语言中心、反文化霸权的思想将翻译中译者对文化进行处理的态度和伦理观呈现在我们面前，诸如“异化”“归化”等策略处理，文化弱化和强化的不平等问题势必会引起进一步的争论。

4.3 文化转向后的翻译伦理思想

4.3.1 解构主义的差异伦理

对翻译中文化霸权、文化不平等伦理关系进行猛烈抨击的代表人物当属美籍意大利学者劳伦斯·韦努蒂，他也是美国一位解构主义翻译思想的积极倡导者。他在《对翻译的再思考》《译者的隐形》和《不光彩的翻译——对差异伦理的诉求》三本著作中，通过对西方翻译史的研究，分析了以往占主导地位的以目的语文化为归宿的同化翻译。同化翻译占主导地位的核心原因在于其以西方的意识形态为标准，以民族中心主义、帝国主义、殖民主义的价值观来塑造外国文学文本。虽然通顺的译文读起来通俗易懂，能避免歧义，但事实上进一步巩固了目的语的语言文化规范的作用，是一种英美文化殖民主义，是对外国文本进行的文化侵吞。虽然韦努蒂在前期的研究中对这些涉及翻译的伦理问题进行了批评，但真正将伦理作为一个主题或命题来研究翻译是他的《不光彩的翻译——对差异伦理的诉求》这一著作。

韦努蒂对翻译伦理问题的研究源自他对翻译的本质与属性的理解与认识，作为一种跨文化的交流活动，他认为翻译在本质上是一种文化政治行为，受到各种文化、社会因素的制约，同时也必然对所有制约它的因素产生反作用。通过分析翻译在塑造文化身份和构建本土主体之间的关联，他认为翻译对社会文化的多重作用中“最重要的是对文化身份的塑造”（韦努蒂，2001：359-360），“如果翻译具有如此深远的社会影响，如果在塑造文化身份的过程中它有助于社会的再生产和变革，那么去问问这些后果是有益还是有害，或换句话说，问问由此而构造的身份是否合乎伦理就显得很重要了”（韦努蒂，2001：377）。意识到伦理问题的重要性后，韦努蒂在《翻译的窘境》一书中指出“翻译引发了许多严峻的、亟待解决的伦理问题”（王大智，2012：30）。他认为，一个译本产生的影响可能是保守的，也可能是超常规的，这主要取决于译者的翻译手段与方法。

韦努蒂翻译策略伦理研究可以归结到“归化”与“异化”的深层文化实质，表面上看来，这一对概念似乎与传统翻译的“直译”“意译”在形式上有点类似，但是，“归化”和“异化”已经不是单纯语言表达层面上的翻译策略问题，而是上升到文学、文化、政治、历史等层面。在他看来，西方翻译史上曾经长期存在着归化翻译模式，归化“即自我中心主义或者说以目的语为中心，使外语文本服从于目的语文化价值观，把作者带到国内来”（Venuti，1995：20）。这种翻译模式下，译者总习惯于“以某种程度和形式，删减、排斥和重写源语言和文化”（Venuti，1995：310），弱化了源语独有的思维习惯或价值惯性，强化了译入语的主导地位，从本质上是一种文化偏见和自我中心的文化伦理观。正是基于对以欧美文化为中心的归化翻译的文化批评，他倡导异化翻译手段，以“偏离民族中心主义，压制目的语文化价值观，保留外语文本的语言和文化差异”（Venuti，1995：20）。在韦努蒂看来，传统翻译的归化策略刻意抹除了存在于源语文本中的语言和文化差异、目标语社会文化价值取向，用“异化”的翻译策略可以保存源语文本的语言和文化差异，从而达到抵抗英美殖民主义文化霸权的目的。这种抵抗从本质上说就是“异化的道德态度，在异文化中找出异质因素，表现文化多样性，凸显语言和文化的差异，并颠覆译入语语言中的价值观次序”①。

揭露并批评西方译学传统的文化殖民主义、反对西方文化霸权是韦努蒂翻译伦理研究的核心内容，其翻译思想表现出对差异伦理的追求和对文化“他者”的尊重。文化不是独立于人的“漂浮物”，文化交流是人的生活方式。在翻译文化交往中，韦努蒂以异化翻译理论反对文化霸权，尊重并致力于传达他者在世界观、价值观、意识形态、宗教信仰、生存体验等方面与自己不同的地方，对于译者来说就是要尊重他者文本中所描写的价值世界的完整性，尊重他者文本自身所着力表达的情感、信念以及价值担当，实质上是对文化他者的尊重。他认为，“好的翻

① 郭建中．异化与归化：道德态度与话语策略——韦努蒂《译者的隐形》第二版评述[J]．中国翻译，2009（2）：35.

译就是用目标语来表现异域文本中的异域性”，而译者的责任和义务就是彰显源语文本在语言和文化上的异质性。

4.3.2 后殖民主义的政治伦理诉求

后殖民主义翻译关涉的则是由文化权力和话语关系而引发的种族主义、帝国主义、文化身份等政治色彩非常强烈的问题，是一种政治意识形态的文化批判思潮在翻译研究领域的集中爆发。

后殖民主义原本是跨学科的文化理论和文化研究的一部分，是一种包罗万象的理论批评方法，融合了人类学、社会学、人种学、文学批评、政治、哲学等领域的理论来考察文化行为，是一种文化多元理论。后现代主义、后结构主义是后殖民主义的理论基础，但后殖民主义是后现代主义的政治话语和文化话语的进一步深入和拓展，是消解中心和边缘的二元对立的反文化霸权的理论，关注的焦点是作为边缘的殖民地对处于中心地位的宗主国的消解、弱势文化对于强势文化的消解。

后殖民主义之前的时代，是世界范围内赤裸裸的殖民时代，西方国家凭借其强大的经济、军事的领先地位，对相对落后国家进行殖民统治，西方世界以自我为中心，世界其他所谓的文明、文化都应从属于“自我”这个中心，对于自身以外的“他者”处于居高临下的地位，是一种典型的自我中心的传统普遍性伦理观。20 世纪后期，随着第二次世界大战的结束，各民族反殖民的斗争此起彼伏，道德、伦理、道义的批判最终使赤裸的殖民主义在全球范围内基本结束，但产生出一种新的、更加隐蔽的殖民主义也就是理论界所说的后殖民主义，这是一种文化殖民主义。第二次世界大战以后，尽管多数殖民地国家经过艰苦的斗争获得了独立，但依然没能因此摆脱前宗主国的殖民统治，后殖民主义就是在对这种后殖民现象进行批评的过程中发展并逐步壮大起来的。

后殖民主义理论的代表人物包括爱德华·萨义德、斯皮瓦克和霍米·巴巴，后殖民主义理论最早源于萨义德的《东方学》(1999)，他本人也因此被认为是后殖民主义理论的鼻祖。一直以来，在殖民者的眼中，东方被作为欧洲的“他者”和欧洲文化的组成部分，萨义德借鉴了福柯的话语理论及葛兰西的文化霸权理论，把“殖民话语”作为研究对象，发现欧洲中心主义凭借其现代学科和知识体系而实现欧洲帝国主义的殖民扩张，揭露了欧洲中心对东方“他者”进行文化的渗透与支配的真相，并对建构东方他者的帝国主义心态和行为提出了批判，开启了后殖民主义话语批评并将后殖民主义话语批评推向文化政治批评的前台。萨义德的理论带有强烈的意识形态和政治批判色彩，而斯皮瓦克的后殖民批评则融合了女性主义、西方马克思主义及解构主义等诸多理论，其目的在于削弱西方与东方（包括第三世界国家）的文化对立，消解中心和边缘的二元对立，同时也关注东方作为西方的“他者”角色能否自主发出内在的声音。霍米·巴巴的后殖民理论始于对萨义德理论的质疑，认为萨义德理论的殖民话语缺少殖民者与被殖民者、自我与他者的关系，试图翻覆这种主体与客体、自我与他者、本质与现象的关系，提出“杂合”理论以及“第三空间”概念，以促进后殖民语境下民族和文化身份的研究，他的文化翻译理论对翻译的文化转向具有重大意义。

后殖民主义理论强调文化的差异，但与传统意义东方与西方的文化差异不同，还包含了政治、社会价值的差异，倡导文化宽容与平等，反对话语霸权，理论的核心转移到“话语”和“权力”，形成对欧洲中心主义的批判，解构其文化、权力、意识等各种形态关系中的中心和主流。在后殖民理论家看来，一种文化作为一个主体，它的“自我”主体身份有一个作为对立存在“他者”，正是欧洲文化的中心地位使得东方的“他者”沦为边缘。后殖民主义理论是一种文化反思与批评，聚焦的是文化中心与文化边缘、“自我”与“他者”的关系，而这一点是伦理研究关注的核心。因此，后殖民主义具有很强的伦理属性与特征，也可以说后殖民主义是文化层面的伦理反思与批评。当后殖民主义理论应用到翻译的研究中，研究者们立即发现，作为一种文化移植的手段，翻译在后殖民主义时代成为不同文化、民族之间权力、政治、伦理交织的中心。在罗宾逊看来，翻译在三个层面存在非常密切的关系：在殖民化的过程中充当殖民主义建构主体性的工具；在殖民主义时代结束之后，成为维护文化等级秩序的“避雷针”；在解殖民化的过程中，成为被殖民者摆脱殖民枷锁、削弱文化霸权的工具①。

受后殖民主义的影响，后殖民翻译的文化伦理批评源于对西方的文化与政治伦理霸权的揭露，并试图重构多元文化平等的异质伦理。根据萨义德的研究，“西方统治东方的历史和现实”以及西方“控制、重建和君临东方的一种机制”（爱德华·萨义德，1999：4）充分表明了西方世界这种以自我为中心的二元对立伦理思想与伦理政治，而斯皮瓦克注重对殖民和后殖民文本的伦理解读，提出倾向于他者的异质伦理主张。基于后殖民主义理论，后殖民翻译研究就是要揭露这种中西不平等的文化伦理政治的本质，并通过合适的途径与方法进行批评、解构。

后殖民翻译研究认为，殖民主义者正是借助翻译在潜移默化中对被殖民文化民族进行其主体性和殖民话语的塑造，从而达到使被殖民者接受现实的目的，因此，翻译成为“帝国的殖民工具”。在全球化时代，为继续维护自己的殖民统治并且不至于激起强烈的反抗，后殖民侵略更加隐蔽，通过文化传播、大众传媒、学

① Douglas Robinson. Translation and Empire: Postcolonial Theories Explained [M]. Manchester: St. Jerome Publishing, 1997: 31.

术交流等多种形式在不知不觉中形成宗主国与殖民地之间前优后劣的等级秩序。后殖民主义理论家认为，去殖民化首先要在还原殖民主体建构过程的基础上，揭穿翻译中殖民主义话语的谎言，让深藏其中的权力差异显露出来。在后殖民语境下，翻译成为处于文化边缘的弱势族群抵制文化霸权、重塑文化身份的工具。

翻译抵制文化的霸权、殖民在翻译史上早有先例，但是作为全方位的研究还是归功于后殖民视域的翻译研究。在翻译研究的文化转向后，后殖民翻译研究从翻译的语言内部研究脱离出来，将翻译置于后殖民话语体系之中，从文化、历史、政治、意识形态、伦理等多个层面发掘隐藏在翻译行为中的不对称权力关系，揭示西方政治权力话语通过翻译这一手段实现文本的文化殖民输出并建构其文化主体身份，对以西方为中心的政治文化思想与伦理观念进行全面的批评，从而完成消解殖民话语、抵制文化霸权的历史使命。

后殖民翻译研究注重的是各文化在政治、权力话语方面的不平等的关系，对这一不平等的伦理关系首先在于发现语言与翻译中有这种不平等伦理关系存在，然后对不平等伦理关系进行批判，最终探索新型伦理关系的构建。事实上，研究翻译问题的人类学家早已注意到翻译中的不平等关系。1986 年，文化人类学家泰拉尔·阿萨德出版了《作为文化翻译的人类学》，描述了文化翻译对社会人类学演变的作用与影响，萨义德强调了“翻译过程中的权力差异性”，指出“不同的文化体系在现实生活中从来都是具有不对称性和差异性的”，还专门撰写了《语言之间不平等关系》，成为“后殖民翻译理论的第一份重要理论文件”（孙会军，2002：32）。法国学者理查德·雅克蒙德也认同翻译具有不平等性的观点，在《翻译与文化霸权：以法—阿翻译为例》中通过法—阿互译的实证研究描绘出翻译中的文化霸权，分析法国和埃及在后殖民时代的不平等关系，认为南北翻译是不平等的，从某种程度上文化霸权证实了经济霸权。

4.3.3 女性主义的性别差异伦理观

女性主义翻译理论主要关注关系翻译、译者的文化身份、地位问题，翻译研究的文化学转向导致西方学者对权力、意识形态和翻译关系的探讨，在各种文化思潮的合力下进行女性主义、后殖民主义等更为激进的翻译研究。女性主义者认为，传统翻译观将翻译视为女人，译作依附于原作，不仅贬低了译者和译作，更包含着对女性的歧视，从而要求重新界定译作与原作之间的关系，主张译文享有和原文一样的地位，翻译不只是语言技巧的问题，还应该包括更为广阔的意识形态领域，揭示了社会意识形态影响翻译的事实。女性主义翻译观对传统的等级制度和性别歧视提出挑战，对忠实规则预设的社会意识极度不满，对意义和价值的普遍标准产生质疑。

作为加拿大女性主义翻译理论的代表，谢莉·西蒙在 1996 年发表了其著作——《翻译的性别：文化等同和传递政治》，通过传统翻译理论的大量实例论证了翻译、译者往往和女人联系在一起，都处于低等和弱势的地位，如约翰·弗洛里欧总结的所有翻译都有缺陷而“被认为是女性”，“译者是作者的侍女”，法国修辞学家的“不忠的美人”，“作者是地主，译者是雇农”，以及西蒙讥讽的“我是一个译本，因为我是一个女人”。加拿大的戈达尔德对翻译中语言与性别差异的问题进行了探讨，认为男性译者具有置女性于父权统治之下的心态，在翻译女性作家的作品时会对原文中的女性人物进行有意或无意的压制或贬低。她指出，译者有权改造、操纵甚至占有原文，“翻译是用语言进行创作，往往丰富了原文，而不是背叛了原文”。

传统翻译理论似乎强调了译者自甘于从属的地位，女性主义翻译理论则突出译者的存在，继承了翻译改写论，也充分彰显了译者主体性，认为译者积极参与到意义的创建过程中，因此与原作者具有同等的地位。女性主义的翻译理论强调对原文的占有和操纵，认为译者同样具有充分的自由，其职责就是尽其所能地改写原作，以满足女性主义话语构建的需求。同时，女性主义否认翻译的忠实观，其目标是要识别和批评那些既将女性又将翻译打入社会和文学底层的诸多概念，探讨翻译被女性化的过程，试图动摇维持这种联系的权威机构，凸显翻译的创造功能和译者的主体性作用。女性主义融合了解构主义、后殖民主义、新马克思主义等思想，研究视角独特、新颖，从追求性别平等到性别差异，进而彰显女性独特性。女性主义本身的理论诉求与其译论主张是一脉相承的。

女性主义翻译理论探讨传统译论中女性地位低下的问题，其实质上是关涉男女之间的伦理关系，由此批判翻译、译者、译文地位低下的现实，由此指向翻译有关主体之间的伦理关系问题。男女之间的伦理关系问题是人类永恒的主题，性别歧视的问题一直存在，至今还在一定范围内、在一定的程度上存在。女性主义的翻译理论既是对这种传统伦理的批评，又是对翻译理论中相关从属伦理关系的不满和有关伦理的诉求，这种诉求首先体现在译者作为翻译主体与原作者之间的关系上。

纵观东、西方社会历史，由于社会分工、社会中扮演的角色、生理差异等复杂的原因以及统治阶级对社会统治和自身威严的需要，男尊女卑、父权话语的历史传统逐步形成，而统治阶层正是借助伦理的工具维护这一等级森严的社会结构和传统。在父权社会下，女性要屈从男性，妻子要服从丈夫，男人可以妻妾成群，女人要从一而终，男人以尊贵为荣，女子无才便是德。这种父权话语树立了以男性价值观为标准的伦理等级观念并且这种观念在很长的历史时期内一直存在，这就不难理解为什么翻译在发展的过程中形成了忠于原作的翻译观，即译者从属于作者，而译作被比喻为女性，从而有了西方翻译世界“不忠的美人”、我国译界“美言不信，信言不美”的语录。一旦译者的译文超出了原作，便被冠以“不忠”之名，可以说，父权社会下性别差异的伦理滋生了女性的边缘地位，也设定了译者的边缘地位。随着人类文明的发展以及社会伦理观念的进步，男女之间的性别差异才逐步得以尊重。女性主义承认男女之间的自然差异，但不认为可以将此作为父权话语下性别歧视的理由，也不认为可因此形成女性社会地位低下的伦理。同理，与作者相比，译者的角色与作者的角色也是存在差异的，译文也不等同于原文，不能因此将传统的等级伦理映射到翻译中。为了突出译者的地位和作用，女性主义研究者主张翻译过程中重写、创作的观点，以突破这种传统伦理对译者地位的贬低与边缘化，以及对译文的意义和价值的贬低。

伦理涉及不同主体间的关系问题，同时也是维护这一关系所要求遵守的行为规范，遵守则称为“善”，反之则是“恶”。传统的性别差异伦理观设定了女性在社会交往中要遵守“忠”这一伦理标准，即要忠于丈夫，这是第一要义，当然还包括忠于她的长辈、家庭等一系列“妇道”，这种忠以绝对服从为基本原则，如果做好了，就是一种美德，否则就是大逆不道。对于翻译来说，这种“忠实”是对译者而言的，是传统翻译经验积累并所事先规定的准则，是译者所要遵守的基本原则，这一原则是被普遍接受而形成的规范。对女性主义理论者而言，之所以这样，是因为翻译没有考虑两种语言之间的文化差异，不管对女性还是翻译，都是不公平的，应该加以批判。

女性主义翻译理论对翻译权力结构伦理的挑战，是基于后结构主义文本理论的，强调对原文的占有和操纵，并不承认翻译是一种无涉价值的语言转换，因为她们不相信文本是中立或具有普遍意义的，任何文本都带有作者进行创作时的意识形态和文化语境的印记，翻译的过程如同文本写作的过程，同样具有这些印记，完全对文本具有操作的权力，并通过翻译彰显她在操控文本时的印记。女性主义认为翻译是一种政治活动，在翻译中彰显性别差异、女性主义的价值取向，将语言作为文化干预的手段去改变权力统治的表达形式，以解构性别之间和文本等级之间的权力影响。从社会、政治伦理的角度来说，女性主义将翻译作为女性争夺话语权的工具，她们追求女性和翻译的差异性伦理，实质上既是女性争取平等、争取解放的伦理，也是颠覆传统翻译观的性别伦理。

第 5 章　对译者的伦理制约

5.1　译者主体地位的崛起

5.1.1　对译者主体的关注

在西方哲学语言论转向的影响下，翻译研究被置于广阔的文化语境中，法国的安托瓦纳·贝尔曼（Antoine Berman）在《翻译批评论：约翰·唐》一书中提出译论批评必须以译者为主体、为基础的出发点后，翻译理论中的多元系统论、操纵学派、目的论以及较晚出现的女性主义、新历史主义等从不同的角度对译者主体性进行了论述。可以说，翻译研究的"文化转向"使得翻译主体受到了广泛关注，使译者主体性研究更加深入，也引发了翻译领域对翻译研究中诸多问题的文化思考。对于译者主体性学术界的理解各不相同，在哲学层面，主体性指"主体的本质特性，这种本质特性在主体的对象性活动中表现出来，包括目的性、自主性、主动性、创造性等，简言之，即主观能动性"（查明建、田雨，2003：22），那么译者主体性就可以指作为翻译主体的译者在翻译过程中"在尊重翻译对象的前提下，为实现翻译目的而在翻译活动中表现出的主观能动性"（同上）。综合文化视域下谢天振（1999）、许钧（2003）、查明建、田雨（2003）、屠国元、朱献珑（2003）、陈大亮（2005）、胡庚申（2004）等学者对译者主体性的阐述，大致可以概括为几个主要方面：①译者在翻译对象选择中的文化目的、意识；②译者的社会文化语境所折射出来的对原作的阐释；③译者的文化意识与价值取向在译文中的体现；④译者在尊重原作的基础上对译文进行改造而形成的创造性。

在翻译史上，在作者中心论、文本中心论等研究范式下，译者主体性受到压制，其文化地位极其低下，在翻译的文化视域下，文化作为一个系统，不同的文化主体在文化多元系统中有着不同的文化地位。当翻译成为一种跨文化的交际行为，作为翻译主体的译者也就是这一文化系统中的一分子，具有文化主体的性质，自然有其自身的文化身份。然而，传统翻译研究将作为文化交流使者的译者的文化地位边缘化，更谈不上译者主体性的发挥了。在文化普遍主义思维下，文化观追求的是文化的同一性与普适性，那些在科技、知识领域处于领先地位的民族文化成为了普遍的标准，它以自己为中心，要求他文化对自己的服从，从而形成文化中心与文化边缘的对立。这种以自我为中心的文化思维模式广泛存在于各民族文化思想中。处于中心地位的文化对外传播时，它们理所当然地将自己的文化当成世界文化的中心，从而树立了原文绝对权威与文化中心的地位。在否认文化差异、抹杀文化差异的事实后，科学理性主导的语言学研究使得译者如一台转换机器，主体性无从谈起，就更不用说其文化地位了。

文化普遍主义导致西方文化中心与非主流文化地位边缘化的对立，文化地位的失衡自然引起了非主流文化对其边缘文化地位的不满与抗争，文化相对主义的产生适应了这一要求，为非主流文化存在的合理性提供了理论依据并试图使其从边缘的角落走向平等的地位。从文化的角度而言，传统翻译研究中译者的境况与文化研究中非主流文化主体的遭遇如出一辙，也处于文化的边缘地位。当翻译研究的视域改变后，“戴着镣铐跳舞”的译者的文化地位发生了变化。

在翻译研究的文化语境下，权力结构、意识形态、社会文化等因素被纳入研究的范围，翻译研究不再局限于“文本转换、译文与原文对等之类的内部研究”（孙会军，2005：5），同时关注“影响和制约译者在翻译过程中进行抉择的政治、历史、文化等外部因素的外部研究”（同上），翻译也不再是“中性的、远离政治及意识形态和利益冲突的行为”（刘禾，1999：36），翻译研究从关注语言层次的转换问题转移到关注转换背后所发生的文化交流与冲突、意识形态的干涉、话语权力的得与失等问题上。无论是政治还是文化的层面，所有这些都与译者的主观能动性有非常紧密的联系，为译者主体性的发挥和译者文化地位的崛起奠定了基础。

5.1.2 译者主体性的过度张扬

当代翻译研究的广阔的文化语境是一个具有多重意义的集合，它融合了解构主义、后现代主义、后殖民主义、女性主义、第三世界批评等多种文化思潮。然而，这些思潮在反绝对、反传统、反中心、反殖民的浪潮中体现出一个共同的文化特征，那就是对传统文化中心、文化殖民的批判和对平等的文化地位的追求。在翻译的文化本质上，翻译是两种文化的交流和协商，译出语文化和译入语文化应是两个对等的文化主体；在各翻译要素的关系上，作者被宣布“已死”，译者从“忠实”的地位中“解构”出来，译者与原作者站在了同一个文化层面进行“对话与交流”；在翻译策略上，译者有了自己的文化意识与价值取向，并倾向于反对文化殖民、对他文化采取尊重与包含的文化态度并在译文中保持他文化的异性；在对待译文的价值上，译文是译者在“叛逆”中进行文化的“再创造”的结果，与原文享有同样的文学价值，无一不反映出相对主义的文化平等的价值观，而这一价值观同时使译者有了极大的文化自由，其主体性得到了前所未有的发挥。

纵观翻译研究的历程，传统文化观、翻译观使得译者主体性与其文化地位被长期压制，而翻译研究的文化语境则将译者从文化的边缘地位解放出来，使译者经历了从遮蔽到彰显的转变。然而，值得注意的是，在以译者为中心的研究范式中，译者的主体性与文化地位提升到了前所未有的高度，尤其是在解构主义思潮的影响下，由于原作者被宣判已死，译者几乎到了为所欲为的地步，这是对传统压抑的过度爆发，使译者的文化地位从一个极端走向了另一个极端。翻译研究的文化转向后，传统的“忠实”翻译标准遭到了摒弃，原文文本终极意义被解构，原作者至高无上的权威被消解，译者一改以前的身份成为创作的主体。当翻译研究与权力、意识形态、殖民主义联系到一起时，翻译活动成了一种文化行为与政治行为，打破了以往主客体间以单一的直线的形式展开的交往活动的限制，而变为复杂的多层次多维度的交往活动，包括作者、读者、译者，甚至出版商、赞助人都变成了广义上的翻译主体。在各主体之间，由于文化霸权主义和强权政治的存在，我们看到的是统治与被统治、入侵与反抗的局面，引发了各语言与文化间的矛盾与冲突。遗憾的是，这些主体间的分歧与文化冲突不是能在结构主义科学的框架下所能解决的，它反映的是翻译中的价值判断、道德与伦理的规范问题。也就是说，当译者的地位得以无限制地提升、其主体性不断彰显时，新的困惑便产生了：在这种多维度的关系中，我们该用什么来规范各个主体之间的关系呢？译者在面对出版商和赞助人与原作者之间的冲突时，是对出版商和赞助人有求必应，还是应该首先对原作者忠实？在面对强势文化和弱势文化时，是应该顺从强势文化，还是凸显弱势文化？在面对异域文化的读者时，要全部按照“接受美学”的理论去迎合读者吗？用什么行为规范约束译者的翻译行为及其再创造行为？如果对过度张扬的“译者操控”进行回归，回归之路将走向何方？译者如何处理与原文、原作者、读者和资助人等其他主体之间的关系？所有这些问题，我们需要从伦理学的角度来阐释并提供答案。

5.2 对译者主体性发挥的伦理制约

5.2.1 尊重差异的伦理思想

1984年，在巴黎国际哲学院的一次研讨会上，贝尔曼对西方翻译史上占据统治地位的以“意义传达”为中心的翻译思想进行了批判，首次提出了“翻译伦理”概念，并主张将翻译伦理研究作为今后翻译研究的一个重要方向（王大智，2012：21）。贝尔曼提出翻译研究的伦理问题首先引起了人们对传统翻译的语言意义观的反思。从国内的“信、达、雅”“神似”论到西方的“对等”观，从翻译的语文学研究范式到结构主义、功能主义研究，都是以语言的意义传达为中心的。以“在场的形而上学”为背景的意义观导致了原文意义的至高无上，译者的功能就是“复印机”“鹦鹉学舌”。然而，在后现代哲学思潮的影响下，解构主义否定了原文文本的优越性和权威性，强调差异性，认为原文的意义取决于语境或其阐释主体，“语境之外别无他物”，颠覆了传统的语言意义观，自此从封闭静态转向开放动态，在翻译研究的文化转向后，社会文化、历史成为这样的语境之一。在《异的考验——德国浪漫主义时代的文化与翻译》《翻译与文字或远方的客栈》等著作中，翻译研究被置身于文化语境中，进而系统地形成了贝尔曼的翻译伦理思想。

贝尔曼对于翻译文学的研究与多元系统论研究具有非常相似的特征。在《异的考验——德国浪漫主义时代的文化与翻译》一书中，贝尔曼将研究视野聚焦于19世纪前后的德国民族文化进程，对从路德以来从古典到浪漫主义各个阶段德国的翻译活动、主要流派和变迁进行史学研究。由于德国语言缺乏自身的文化根基，需要以异族文化为范本，因此应对原著忠实地加以传译，以资借鉴来扩充本民族的语言，翻译在文化中被赋予了核心的地位，成为德国文化不可缺少的一部分。这种“异”文化对德国的宗教、语言发展等产生了深远影响，对当时德国语言的统一和发展具有不可估量的积极作用与意义，并且这种“异”所带来的积极作用引发了贝尔曼对翻译的伦理层面的思考。

在贝尔曼看来，翻译的本质是“开放的、对话的、杂交的、解构中心的”，“翻译伦理就在于‘从理论层面揭示、肯定和捍卫翻译的纯粹目标’，贝尔曼在其多部著作中一再明确指出，‘翻译不能被仅仅定义为交流、信息传达或广义上的重新书写，同样，翻译也不是一项单纯的文学或美学活动，尽管它总是与某一特定文化空间内的文学实践密切联系在一起’。如果把翻译仅仅视为一个交流的过程，一个从出发语到目的语的‘信息’传递过程，那么它就只与方法有关，但我们清楚地知道，与科技文本不同，‘尽管同样包含着信息，但文学作品并不传递任何形式的信息，而是向一个世界的经验开放’”[①]。

对于文化他者的异，贝尔曼非常明确地指出他的这一翻译伦理观来源于列维纳斯（Levinas）的哲学思考，即“伦理行为是指认可和接纳作为‘他者’显现的‘他者’”（徐普，2011：71）。在他看来，翻译的目的不再是完成交流、传播和介绍，而是完成一种伦理行为。在贝尔曼的翻译伦理中，“他者”的“异”处于不可侵犯的地位，符合伦理的翻译便是显现“他者”的“异”的翻译，也就是翻译在实践中就是“直译”；“非伦理”“坏”的翻译是破坏，是同化“他者”的“异”的翻译，“以异为异”是他认可的翻译行为的“正当伦理目标”，要求在翻译中尊重和突出原作和原作中的语言和文化差异。

针对贝尔曼的直译方法徐普是这样解释的，“翻译即是译‘字’，翻译以‘字’

① 刘云虹．翻译价值观与翻译批评伦理途径的建构——贝尔曼、韦努蒂、皮姆翻译伦理思想辨析[J]．中国外语，2013，10（5）：83-88．

组成的文本，但是贝尔曼从来没有给‘字’一个明晰的概念”（同上，73），这给我们从伦理角度来理解贝尔曼的“直译”造成了很大困难。但可以肯定的是，贝尔曼的“直译”和我们翻译中的“死译”“硬译”及“逐字翻译”是完全不同的，他似乎想通过翻译实践将自己对接受“他者”之“异”的文化伦理主张表现出来，并且这一主张是与传统翻译倾向于以目标语为接受的“通顺”的翻译不同。可是，“认可和接纳作为‘他者’显现的‘他者’为何一定要由翻译‘字’而非其他手段来实现？”（同上，73）对“异”的尊重又如何与直译建立直接的内在逻辑关联？贝尔曼有关伦理的论述不清晰或许只能说明翻译的伦理研究还只是处于探索的阶段，无法解释翻译中太复杂的各种现象，他后来的研究也证实了这一点。

在贝尔曼初期的伦理主张中是以认可和接纳作为“他者”显现的“他者”为翻译的终极目标，但在《翻译批评》中又出现“完成和原著有关联的作品从来都被视为翻译的最高任务”（同上，74）的叙述，并对评判译文提出了两个标准：一个是译文的“诗性”，“译文要和原文的能指保持某种紧密的对应”；另一个是译文的“伦理性”，指“尊重，尤其是对原文某种程度上的尊重”。对于译文的伦理性，事实上也涉及译者的伦理道德的问题，也就是作为翻译的主体，译者一旦接受或从事某一项翻译活动，他就开始承担某种责任和义务，译者作为一个社会的人，必然要受到某种道德上的约束。就翻译伦理而言，他首先指出，“翻译伦理在于如何定义‘忠实’。在他看来，在翻译领域，‘忠实’和‘准确’是人们自始至终追求的目标，它们是人对于自我、对于他者、对于世界和对于经验，当然也是对于‘文本’的某种‘态度’。在翻译中，‘忠实’和‘准确’是附在译者身体上的两个精灵，这是他的激情所在，这种激情不是文学的，也不是美学的，而是伦理的”（刘云虹，2013：85）。

贝尔曼所说的“忠实”与传统译学的忠实的内涵是不一样的，传统意义的忠实虽然体现出一定的伦理关联，但是从语言层面的角度去思考，贝尔曼的“忠实”是基于对翻译行为的本质属性来理解的。在他看来，翻译“伦理性”的最大威胁来自“不实”和“欺瞒”，即译者对译文进行不为人知的操控，并隐瞒其真实的意图，造成对原文和读者的“双重背叛”，“只要译者开诚布公，他就不受任何约束”（徐普，2001：74），这是译者的职业伦理问题，“坦诚”似乎成了译者的伦理要求。同时，他对多元系统理论提出了诸多质疑，认为译者是有创造力的翻译行为主体，因此译者的权利应得到尊重。

作为翻译伦理研究的开拓者，贝尔曼的翻译伦理问题的提出是在特定背景下形成的，是对传统研究语言意见观进行的反思、翻译研究的文化转向、解构主义后现代思潮相结合的产物，他对翻译伦理的关注以及从翻译历史、翻译伦理和翻译分析层面对翻译活动展开的深入思考，在中西方翻译研究领域都产生了深远的影响，其异化的伦理思想在皮姆、韦努蒂的翻译伦理研究中有着明显的痕迹，正如有的学者所指出的，“无论从贝尔曼出发还是在完成了对贝尔曼的激烈批判甚至否定后提出的翻译伦理思想，无疑都来自贝尔曼伦理思想这个‘蓄水池’”（王大智，2012：28）。

5.2.2 基于文化间性的翻译伦理

贝尔曼的翻译伦理观一度以伦理作为翻译的最高任务，提出尊重文化差异的伦理，强调翻译文化“他者”对自我文化的积极意义，韦努蒂差异化伦理的核心是对西方文化霸权的猛烈批判，伦理思想与政治、权力话语相关。基于对贝尔曼伦理思想的批评，1994 年，在巴黎国际哲学院举行的研讨会上，皮姆对翻译伦理阐发了自己的见解，1997 年，以法文出版了《论译者的伦理》一书，2012 年对其进行修订并发行英文版，而英文版的书名变更为《论译者伦理：文化间调节原则》。与贝尔曼不同的是，皮姆不对翻译的伦理进行研究，而对作为一种职业的译者的伦理进行研究，同时，皮姆的翻译伦理思想也和文化有关，是基于文化间性的文化伦理观。

贝尔曼伦理观的核心是“尊重他者”，而贝尔曼的出发点却是将译者置身母语文化，“译者代表的是母语文化，而非目标语文化”，尽管贝尔曼提倡译者应该接受与尊重他者，且其对他者尊重的前提是译者身处母语文化空间，站在母语即目标语文化一方，而相对于目标语，源语文化自然就成了“他者”[①]。如果“将翻译视为‘一种交际行为，一项为某一客户提供的、针对既定接受者的专业服务’，那么，得到更大关注的则必定是目的语一方”（刘云虹，2013：87）。事实上，就如翻译中的“归化”与“异化”策略，译者要么倾向于源语文化，要么倾向于目标语文化，也就是说，不论是哪一种视角的翻译伦理都只能是二元对立的，非此即彼。也就是说，贝尔曼的翻译伦理观所折射出的依然是西方传统哲学的二元对立。为了突破二元对立，皮姆（2012）提出“文化间性”（Interculturality）的观点，也就是译者应该身处跨文化交界处，构建一种以译者为中心的伦理，而不是一种旨在对翻译进行评判的伦理，即以“译者的伦理”来取代“翻译的伦理”。

“文化间性”的概念来源于差异哲学、“他者”理论、视阈融合理论、交往行为理论。20 世纪 60 年代，德国哲学家伽达默尔从阐释学的角度提出的有关理解的哲学方法，指出阐释者和文本在历史性和差异性下通过开放、融合、交流的方法而凸显相互间的辩证关系，这种哲学方法在社会学、文化传播、伦理学等学科中得到广泛运用，包括文本间性、主体间性、文化间性等。在海德格尔看来，自我与他人的“存在”是基础，强调“共在”或共存的理念，哈贝马斯则在对工具理性和主体性进行批判的基础上提出主体间存在的交往理性，认为主体间只有通

① 王洪林．也评皮姆的《论译者伦理：文化间协调原则》[J]．东方翻译，2018（2）：86．

过对话式的“理解”和“共识”的手段才能实现真正的交往与相互认同，进而提出了“文化间性”的概念。“文化间性”“以承认差异、尊重他者为前提条件，以文化对话为根本，以沟通为旨归”①。在翻译研究的文化视域下，各文化之间的差异、文化的霸权、译者如何面对源语文化与目标语文化之间的关系、如何突破文化差异而实现文化交往等一系列问题成为翻译研究的核心，尊重差异的伦理也得到伦理研究的推崇，或许正是这一适应性良好的概念使得皮姆突破了翻译伦理研究中遇到的理论与实践障碍。

“文化间性”概念的引入足以说明皮姆的翻译伦理思想与贝尔曼、韦努蒂等人的翻译伦理思想不同，首先皮姆的“译者伦理”遵循的理论基础是跨文化交往。对于文化间性原则，皮姆（Pym，2012）强调，只要翻译活动开展的空间处于多种文化的交汇处，而不是在某一种文化的内部，那么，译者的身份就具有本质上的跨文化属性。也就是说，翻译是跨文化交际的一种形式，译者处于两种文化的中间地带，是文化交流的中间人，承担着促进两种文化交流与合作的责任，皮姆在回答“是否应该翻译”时提到“在一定的情境之下付出某种程度的努力，目的在于针对实际情况在翻译所涉及的各种文化关系中加强合作”（Pym，2012：16）。同时，在谈及译者的身份时，皮姆将译者比喻成“信使”，两者之间有诸多相同之处，“译者扮演的就是信使的角色，其任务就是传递信息”（Pym，2012 ：38），在协调的过程中，译者可能还扮演了教师、传教士、社会语言学家、传道者与文化使者等各种不同的角色。尽管信使这一比喻不是特别恰当（信使往往代表一方，并不是中立的或中间的），但其目标是促进两国民族文化的交流。

皮姆将文化间性引入翻译的意义就是将译者这一角色更加凸显出来，他讨论的“为什么应该翻译”“为谁而翻译”“应该如何翻译”等一系列问题的用语都指

① 蔡熙．关于文化间性的理论思考[J]．大连大学学报，2009（1）：80-84.

涉到译者的身上，所有的这些决定也是译者的决定。但是，在翻译实践中，不带有价值偏见、不代表任何一方的“中间人”是否真实存在？这是我们需要深思的问题。也许因为这一点，翻译研究通向了译者的伦理、道德等内容的研究，从而牵引出皮姆对作为一个职业的译者的规范的探讨，他指出“译者要对原文负责，对客户负责，最终对翻译职业负责”（Pym，2012：67）。既然要对原文负责，也要对客户负责，这样的伦理表面上看来是很完美的，可问题是，如果两者发生矛盾，或者客户的要求不符合社会、文化交往的基本道理规范或与译者的个人伦理道德观相冲突，译者该作何抉择？这些伦理的矛盾实在太复杂，这也许又回到了“该不该译”的问题，成为一个伦理的循环矛盾。

5.2.3 基于翻译规范的伦理

对翻译规范进行系统研究的杰出代表非切斯特曼莫属，他对翻译伦理的论述源于 1997 年的文集《翻译的伦理》（*Ethics of Translation*）一书。2001 年，《译者》（*The Translator*）刊出一期《伦理的回归》（*The Return to Ethics*）特辑，对他的论述进行了介绍。他对当时翻译研究中关涉伦理的问题进行了梳理与总结，包括翻译的忠实概念、译者的社会地位及主体发挥限度、赞助人的权力和意识形态等问题。翻译伦理研究是一个非常复杂的问题，贝尔曼、皮姆、韦努蒂等前期的相关伦理研究也存在逻辑矛盾、概念紊乱的情况，切斯特曼的归纳与总结有益于伦理研究梳理条理。具体来说，他总结了三个方面：第一，翻译的伦理应该从宏观和微观两个层面去进行分析研究；第二，翻译主要伦理模式有义务模式和功利模式，即伦理规范研究和价值层面的研究；第三，翻译伦理研究可以是描写性的，也可以是规定性的（Chesterman，1997b：170-171）。

切斯特曼提出了影响译者行为的四种翻译规范，即期待规范、关系规范、交际规范和责任规范，规范是以伦理价值为前提和基础的，他指出，其翻译伦理探讨是“基于价值概念而不是责任或权利概念”的，“责任和权利是第二位的，它们依赖于价值观念，而后者是首要的”（Chesterman，1997a：147），这四种规范分别以明晰、真实、理解和信任为价值基础（Chesterman，1997a：149-156）。首先，作为一种社会交往行为，语言是社会生活中最重要的机制，而明晰是最重要的标准，是合理交流的必要条件，要求译者语言清楚明了，避免晦涩、歧义，寻求达到最大限度的明晰，使读者准确无误地获得信息，因而具有制约交际规范的伦理价值；真实是相对于关系规范提出来的，它要求译文与原文保持一种真实的关系，是原文本的真实反映，它不指语言层面的对等规范，而是涉及两个文本之间的伦理关系本质；信任就是译者相信原文是有意义的，是值得翻译的，应信任原作者、翻译委托人，还要相信译文读者，相信读者会信任译本，反过来，译文读者又会相信译文中存在有意义的东西，值得阅读；理解是交际的初始目标，也是制约交际规范的伦理价值，翻译的目的就是产生理解，传统的对等概念要求译者对原文完全理解，如果完全理解达不到，就应将误解最小化。

切斯特曼以规范背后的价值问题关照规范的合理性，阐述了四种制约翻译规范的价值观，初步建立了翻译规范体系，也为他的伦理研究奠定理论基础，进而总结了四种伦理规范。再现伦理起源于神圣文本的翻译，以“真实”为核心价值，视原文为经典，认为译者就是原文作者的代言人，不能对原文有丝毫亵渎，对原文内容不进行增删或改写，不仅要再现原文作者的意图，还要再现原文的风格和笔调。服务伦理的核心价值是“忠诚”，认为翻译是一种译者为客户服务的商业行为，译者与客户之间是服务与被服务的关系，译者需要遵守合约，按客户的要求提供优质的服务，实现客户发起该项翻译活动的目标，这与诺德（Nord）的“功能+忠诚”原则非常相似，也是切斯特曼对以前研究的总结。交际伦理基于翻译的跨语言文化交际的属性，强调与他者的交流，将他者视为一个能真正进行交流的主体，翻译不仅要再现“他者”，还要通过翻译促进、实现两者之间的文化交流，但成功交流的前提是彼此相互理解，因此，交际伦理的核心价值是“理解”。基于规范的伦理源于描述性翻译研究，在跨文化交流视域下，翻译是译者向目标语读者引入他者文化的行为，它要求翻译符合目标语读者的文化期待以被目标语国家与社会接受，规范是相对的。

在前四种伦理的基础上，切斯特曼后来又增加了承诺伦理，仿照芬兰职业译者宣言以及美国译协的译者章程，将承诺伦理以誓约的形式展现，也就是《圣哲罗姆誓约》[①]：

（一）我宣誓竭力遵守此誓约。

（二）我会忠于职守，尊重翻译职业发展的历史，与译界同仁共享自己的专业知识，并将其传于后进。我会按质索酬，竭尽所能译出高质量的译文。

（三）我将运用我的专业知识尽量消除因语言障碍导致的误解，最大限度地促进跨文化、跨语际的交流。

（四）我郑重承诺我的译文恰到好处地再现了原文。

（五）我会尊重译文读者，在条件允许的范围内尽量使译文通俗易懂。

（六）我发誓，我会严守客户的秘密，不会因个人私利泄露客户信息，我郑重承诺按客户的要求开展翻译工作，在规定的期限内提交译文。

（七）我会客观准确地审视自己的能力，不接受我能力范围之外的任务。

（八）遇到客户要求不能在翻译中得到满足的情况时我会通知客户，通过协商解决我们在翻译问题上产生的争议。

切斯特曼从道德和精神层面出发，强调译者的职业操守，总结了译员应该具

① 梅阳春. 翻译的承诺伦理之透视[J]. 江苏科技大学学报（社会科学版），2010，10（2）：76.

有的义务、责任和专业水平，包括应有的道德、良心、责任心等，这是他对翻译伦理思想与追求的集中体现。当然，任何一种职业都有基本的道德要求，只是除了普遍的职业操守外，译员有其自身的特点和特殊要求，国际译联对此有详细的说明。

翻译伦理核心的思想是“平等”“尊重”“交流”，也包括作为一种职业应该遵守的“道德规范”，切斯特曼的伦理模式是对他之前伦理研究的总结、归纳、拓展、深化，他试图建立相对完整的翻译伦理体系，其提出的“再现”“服务”“交际”“规范”“专业责任”五个层面的伦理内容，较全面地探讨了原文、原文作者、译员、译文、译文使用者之间的翻译伦理关系问题，再现伦理让翻译突出了尊重原文和原文作者的重要性，服务伦理提出了翻译的功能性，关照了译文读者的地位，交际伦理体现了翻译的动态交际特征，突出了译者在翻译中的作用，规范和专业责任伦理对翻译行为和文本提出了标准框架，体现了翻译工作的道德和职业约束力。这五个方面虽然是从不同的角度进行描述的，但彼此之间相互关联，构成一个有机整体，不应单独来审视其中的某一点。他研究的视角在于译者，即译者主体性，这使译员从幕后走向前台，对翻译伦理研究具有重要的意义。他在给予了译者主体性发挥的权力的同时，也提出遵守规范的自由的“度”，对译者进行翻译实践具有启示和反思的意义。

当然，切斯特曼的伦理模式存在一些不足与矛盾：真实再现原文本与译者的创造性发挥原本就是对立的两个面，如何克服两者之间的矛盾；忠于客户的伦理则有可能要背叛另一方，译者的个人伦理与客户要求发生矛盾时怎么办；交际伦理模式使译者承担起了翻译实践之外的责任，可能会导致完全背离原文的意义，如何把握促进成功交际的翻译之外的度；基于规范的伦理会因为社会规范对译者行为的过度干涉从而削弱译者的自主性。不仅每一种伦理模式存在内部的矛盾，而且不同的伦理模式源于不同的伦理层面，但相互之间又存在关联，追求某一价值就可能无法实现另一价值，符合了这一伦理模式可能导致违背了另一模式，例如尊重原文本的再现伦理与遵守译文社会规范的伦理就可能对立的两个方面，译者该如何抉择？或许切斯特曼意识到了这些内在的伦理矛盾问题，所以将译者的伦理限制在译者的职业伦理范围内，然后对译者伦理责任的价值进行排序，提出译者“理解的价值最高”（Chesterman，2001：152）的观点，伦理价值冲突交由“译者德性”进行评判，使得译者的伦理决策转向译者的个人伦理，也就是变成了译者自觉实践有价值的伦理的行动。

翻译伦理研究的一个重大意义在于为译者提供伦理原则以对译者翻译实践提供约定俗成的规范，切斯特曼的伦理模式使得“戴着镣铐跳舞”的译者陷入了一个新的困境——伦理的困境。切斯特曼认为，译者的职业伦理可以理解为“决定译者作为译者之所是的行动，而非作为政治活动家或救生员之所是的行动”（Chesterman，2001：147），但事实上，现实中我们不否认纯粹的译者的存在，译者除了是译者之外完全还可以是思想家、政治家等，更何况翻译实践本身也可能是一项政治活动。在后现代语境下，翻译研究已经充分证明翻译与政治、权力之间的密切关系。不仅如此，切斯特曼把伦理价值冲突诉诸译者德性，也就是说将作为职业的翻译的行为规范转向译者的责任意识，虽然译者的责任意识是翻译职业对其提出的必然要求，但由于译者个体的价值观可能存在巨大的差异，译者在翻译过程中在其主观影响下对不同的责任内容和标准做出抉择，这样无法从根本上解决翻译中的伦理问题。

第 6 章　全球化背景下跨文化伦理走向

6.1　伦理研究的全球化背景

6.1.1　全球化格局

全球化是当代出现频率最高的词语之一，在 1961 年版的韦氏（Webster）辞典中可以找到“globalization”一词。自 20 世纪 80 年代以来，“全球化”作为一个学术概念而广受各方关注，逐步拓展到社会科学研究领域并成为热点问题之一。到 90 年代之后，随着社会经济的发展，全世界已经超越国家和地区的界限，人类社会生活在全球范围内进入了全方位相互影响的客观历史进程与趋势中，形成我中有你、你中有我的相互交融的时代。全球化首先发生于经济领域，是以经济的发展与联系为动力，通过国际贸易、资本国际流动、技术转移等多种形式在全球范围内形成相互依存、相互联系的有机经济体。随着各国、地区之间经济交流与合作进一步深入，经济的全球化进程以及人类对文明交流的向往使各文化民族突破地域和模式的限制，形成一个新的纷繁复杂的世界。从古老的丝绸之路到当代世界的命运共同体，中西方世界通过交流、融合、互渗和互补，促进了自身的文化进步与发展。尽管目前对“全球化”没有统一定论，但它是一种真实的客观存在，进入 21 世纪后，随着网络、信息等传播媒介的丰富与发展，文化的交流进一步扩大、拓展，打破了原来闭关自守的狭隘界限并走向开放和多元。全球化已经势不可挡，全球化和文化多样性已经成为当今时代的基本特征，成为当今人们关注的焦点，形成一种“世界文化”的新格局。

全球化是一种概念，也是一种人类社会发展的过程现象，目前没有确定了的定义。通常意义上，全球化是指全球联系不断增强，世界被压缩而成为一个整体，人类在全球规模的基础上发展全球意识。20 世纪 90 年代后，全球化势力对人类社会影响的扩大已逐渐引起各国政治、教育、社会及文化等学科领域的重视，研究者从经济、政治、文化、社会等诸多领域对其进行研究和解读。在经济领域，全球化指的是资本跨越国家界限、资源在全球范围配置和使用的经济活动，这使得各国的经济发展与建设相互依存，从而形成世界范围内的全球化市场；在文化领域，不少学者认为全球化是人类各种文化发展所要实现的最终目标，是未来文明的一种存在方式，但由于文化的多样性和异质性，各文化之间存在巨大的差异，全球化必然是一种动态的、冲突的、协调的、统一的过程；在信息技术领域，有学者提出全球化是人类利用先进的信息技术而实现信息突破空间障碍在世界范围自由传递。对于“全球化”的影响，仁者见仁，智者见智，总体来说是一把双刃剑，既是机会也充满了挑战与危机，但是，有几点是我们必须面对的事实：

首先，全球化是一个客观的历史进程。从历史起源来看，西方发达垄断资本主义是推动全球化的首要力量，资本主义国家为实现经济的发展与繁荣，借助全球化对世界各国进行资源的掠夺与侵略，随着苏联、东欧剧变和东西方冷战结束，以美国为首的西方同盟积极推行全球化，建立起以自身利益为核心的经济全球化体系。

其次，全球化过程也是利益再分配的过程。全球化的过程是利益追逐的过程，发达资本主义国家凭借其自身现有的优势力量实现本国利益的最大化。在这种情况下，发达国家和落后国家所获利益大不相同。以工业发展进程为例，西方国家在落后国家投资设立的工业体系，利用当地廉价的自然资源和劳动力生产的产品在满足了自身需要之外也以昂贵的价格推销给各当地国，虽然在客观上推进了当地国的经济发展，但当地国获得的回报与发达国家相比是微不足道的，这加剧了发达国家和落后国家的失衡。

最后，全球化既是物质运动过程也是思想意识形态和文化交流与交锋的过程，这是本书主题所涉及的最重要的一点。在全球化过程中，西方世界对落后国家产生的影响是深远的，除了在经济领域，在思想意识形态、文明价值、文化塑造等方面也产生了巨大的影响。虽然全球化是一个表面中立的词语，一方面的确起到了推动文化交流的作用，有利于世界文化发展。但是，在全球化的背景的推动下，全球范围内普遍文化交往日益频繁，这种交往既有自然发生的文化的同质化，也有有意识的文化殖民而引发的文化同化。在自然发生的层面，建立在殖民基础上发展起来的西方发达国家将其表面的经济繁荣的一面呈现在其他文化面前，在其他民族的普通大众在不知不觉中接受和认同其价值体系，这对本土文化造成了强烈的冲击，极易引发民族文化的认同危机，使本土文化丧失自我或陷入迷茫。在有意识的文化殖民层面，文化同化是显性的、强制性的。如果深入分析可以发现，全球化是由西方势力发动的，由于自身的西方政治体制，其政权掌握在资本所有者手中，资本所有者为实现资本跨国运作，根据自己的利益诉求制订了自由贸易准则并通过“世界贸易组织”来推动，全球化所带来的已经不仅是一种秩序化的世界经济市场及其活动方式，也必然产生出一种内在于整个全球市场活动中的无法抗拒的文化强制性。也就是说，以实现跨国资本的国际间自由流动为目的的统一的世界经济秩序，尽管标榜了自由贸易的名义，主张通过彻底消除不同国家、地区之间森严的贸易壁垒来推动、实现全球经济市场的重组和发展，但是由于各个国家间经济发展水平的严重不平衡现象已经形成，因而重组全球经济市场所形成的决不会是发展中国家和民族借助于西方国家的经济形势而飞速实现自己的经济振兴，而必然是经济上高度发达的西方国家通过自己先在的经济优势，实现对发展中国家和民族的最大规模的控制，其中当然也包括对于文化领域的控制。随着落后国家的经济发展和民族觉醒，其追求文化平等、文化多元的意识日益增强，全球化带来的文化层面的冲击必然导致各文化之间的矛盾与冲突，如何避免这一矛盾与冲突，是研究中需要面临的问题与挑战。

6.1.2 全球化背景下的矛盾与冲突

人类普遍具有类群或种群特性，这种特性体现为人性、伦理、规范、教养、传统等一系列精神品性，这是人与动物的根本区别。人类与动物具有类似的本能活动，但人之所以是人，是因为人类存在文化层面的规约，人的活动受到道德伦理的限制。人的动物性本能是通过人的特有的精神本性确定的，文化以及教养是维系这种精神本性存在的方式。马克思说过，动物的本能就是本能，而人的本能是意识到了的本能，人必须要对他的任何一种活动承担责任，也就是说，人的自身活动具有道德性即明确的价值判断，懂得什么事可以做、什么事不能做。价值判断的形成不是通过认知活动实现的，而是通过自身长年累月地积累文化传统而后天习得的。从西方世界的《圣经》教义到中国的儒家文化，都可以看出人类的生存活动都需要满足各自的基本行为规范。尽管世界各地的不同区域的人类种群在行为规范方面存在很大的区别，但不可否认的是，任何一种文化传统从根本上都源于生活的终极意义以及对自然生活的理解与追求。不同的文化存在着一些相似性，不管世界如何变化，不同种群的行为中都存在着一些相对稳定的文化极限内核且这些文化极限内核具有持久性，这一极限正是人类对生存的理解和追求，也是人类基本活动的常态与底线。而在不同的文化民族之间，这些常态与底线是相通的。这就意味着人类作为地球的文明综合体，在本源上必然具有类似的存在价值与追求，这为人类文明的交流与融合、世界文化的发展奠定了基础。

20世纪德国著名学者雅斯贝尔斯在《历史的起源与目标》一书中指出他对“世界历史的把握是以一条信念为基础的，这就是人类具有唯一的共同起源和共同目标”①，则在各种文化的特殊性中寻求人类历史的普遍性的价值就完全成为可能。在全球化背景下，各民族通过文化交流发现了不同文化背景下相同或相似的元素，某些地域文化通过他者文化的理解而获得文化及价值认同，为世界提供了文化的新经验、新景观，成为人类共享、共有的文化资源。更为重要的是，很多价值观念在矛盾与冲突中承受了考验成为人类普世价值：诚实、信义、向善等成为人们普遍接受的伦理道德；民主、平等、人权、法律成为人类的政治追求；和平、发展成为各国人民对世界发展格局的总体理念。反过来，这些共同的文化价值观念对文化全球化产生推动作用和积极影响，推动文化的交流与发展。

全球化是当今人类各领域交流与发展所面临的最大历史现实，带来了文化全球化，其背后是对文化普遍性、普世价值的追求，也就是文化的普遍主义。然而，各民族在政治、经济等领域的自身利益诉求导致了不同的立场，全球化的发展进程也是一部文化的交流与文化冲突并行或两者交替的历史，各民族文化之间的矛盾带来的冲突及消极的影响使全球化这一概念饱受歧义和争论。在后殖民主义时代，全球化常常“被认为是全球经济一体化的强势影响在文化领域导致的必然结果，也被当作是发达国家企图对弱势文化进行同质化或一体化，甚至是进

① 张锦．文化相对主义与全球化背景下文化发展的趋向[J]．中共济南市委党校学报，2008（4）：78．

行文化殖民和霸权的遮羞布”[①]，而文化多样性才是全球化背景下文化发展的理想方向。因此，全球化与文化多元化之间存在着巨大的矛盾，这种矛盾的形成一方面由于政治、经济方面的原因，但更根本的原因在于文化价值的不同带来了不同后果。

6.1.3 从文化普遍到文化相对

近代理性主义哲学树立了科学理性的绝对权威，建立在科学理性基础上的文化进化论者认为，文化的发展规律存在于以知识、制度和工具、技术等为核心的“文化本质”中，并以此衡量不同民族的文化，提出“文化是以统一、渐进的方式发展的，经历从蒙昧到野蛮到文化三个不同阶段后最终走向一个共同的目标，不同民族在现实中的差别仅仅是发展的阶段不同”[②]。这种对文化普遍性与确定性的追求构成了文化普遍主义最根本的特征。然而，以理性主义为根基的普遍主义文化观实质上蕴含了一种内在的文化逻辑：以欧洲为中心的西方世界在知识、技术、工具等方面取得了领先地位，因而其文化模式和价值观被认为是先进的，从而成为了评判其他文化的普遍准则，也就是说，这个“共同的目标”就是西方社会所认为的文化价值体系。将自我文化标榜为世界文化、先进文化，这自然就会导致文化的矛盾，进而导致更为严重的对抗与冲突，西方发达国家与第三世界国家的矛盾、东西方两大阵营的对立就是这种冲突真实的历史写照。20 世纪初，第一次世界大战爆发，西方工业危机发生，西方世界的内在矛盾暴露无遗，人们开始对西方文化中心论进行反思，对西方文化这一普遍的“共同目标”产生了怀疑，提出以民族的价值观念取代知识、技术、工具等因素来考察民

---

① 刘佳．全球化语境下后殖民主义翻译研究的新发展[J]．理论探索·当代文坛，2014（3）：33．

② 冯健飞，李俊．超越文化相对主义与文化普遍主义[J]．中国地质大学学报，2001（2）：57．

族文化发展，以科学理性为根基而构建起来的文化普遍主义受到文化哲学传统下的文化理性的批判。

最早对文化普遍主义进行反思而产生的与之对立的思潮就是文化相对主义。随着人类学、历史学、民族学等学科的发展，包括博厄斯（Boas）、本尼迪克特（Benedict）等在内的研究者在大量实证研究的基础上充分论证了各民族及其文化现象在各自轨道上存在并得以发展的事实，指出各文化发展之间有明显的差异性，文化没有高低好坏、进步落后之分，一切文化都应该由于其存在而受到尊重。1949 年，另一位人类学家赫斯科维茨（Herskovits）在《人类及其创造》一书中对文化相对思想进行了较系统的总结，文化相对主义作为一种理论得以形成。

文化相对主义的内涵随着该理论的发展而不断拓展，“经历了从学术到政治、从认知到伦理的转换”①，因而它具有学术、政治、伦理的三重含义。在发展的初期，文化相对主义以历史相对性原则来考察文化，以相对的思维取代科学理性的绝对性思维，试图使文化研究摆脱唯科学主义的影响，用另一种思维对各民族文化存在与发展的事实进行理论的阐释，因此，这一时期的相对主义主要停留在学术的层面。然而，在文化的发展史上，由于建立在科学理性基础之上的文化普遍主义从理论逻辑上预设了欧洲的文化中心地位，对文化同一性的向往演变为处于权力话语中心的民族利益的诉求，普遍主义成为文化殖民行为的理论掩护，在此背景下，处于边缘地位的民族用文化相对主义作为反对以西方哲学为当今世界哲学的唯一话语系统、抵抗文化入侵的理论武器，从而使得相对主义带上了浓厚的政治色彩。到 20 世纪末，随着当代世界各国文化交往不断深入、范围不断扩大，文化相对主义提倡平等与对话的文化交往方式，建立了一个新的伦理准则，因而

① 张良村．慎“谈”文化相对主义[J]．中国人民大学学报，1998（6）：4.

文化相对主义被赋予了文化伦理的内涵。

尽管文化相对主义由于其理论本身存在局限性，被反对的声音从来就未曾停止，但不可否认的是，它的产生具有极其重要的历史意义。首先，文化相对主义从历史的角度考察文化，承认民族文化价值的相对性，以历史相对性原则消解对哲学确定性的追求，它提倡以民族价值观取代知识、技术来衡量各文化的发展，以文化理性取代科学理性，使文化研究摆脱了唯科学主义的影响，科学理性的思维模式得以打破，并且，这一研究视野的转换也渗透到其他人文学科的研究中。其次，文化相对主义对“欧洲文化中心论”进行了有力的反拨，从理论逻辑上对文化的普遍主义进行了消解，在各文化间建立了全新的相对思维。从本质而言，普遍主义是一元绝对性思维，它预设了欧洲的文化中心地位，并为其文化殖民行为提供理论掩护。在相对主义视域下，不同的文化成为相对独立的主体，各主体之间是平等的，使文化从一元走向多元，权力话语从中心走向边缘，并在理论上为处于边缘地位的民族和文化的存在提供了自然合法性依据。最后，文化相对主义为当代世界各国文化交往建立了一个新的伦理准则。在普遍主义泛滥的时代，殖民者冠自己以“文明”“先进”之冕，打着“发展”与“进化”的旗号，将自己的文化价值体系向全世界推行，在某种程度上，各民族之间的对立、局部地区的冲突、恐怖主义，如此种种，与普遍主义都具有内在的关联。相反，文化相对主义要求取消中心，提倡文化的平等与对话，造就了一种全新的文化伦理观念，在当代全球化时代，它成为各民族进行和平文化交往的基本行为准则。总之，文化相对主义是对普遍主义的文化反思，是尊重文化差异的文化态度，更是反对文化殖民、追求文化平等的一种文化伦理理想与追求。

6.2 文化全球化与翻译伦理批评

6.2.1 翻译伦理研究的文化意义

当研究者们积极献身于翻译伦理研究，探寻研究的理论方法、合适的伦理模式时，大多是站在如何从伦理的视角促进翻译研究的繁荣与发展这一角度来思考问题的，这样就使得翻译伦理研究局限于研究的本身，而当前的翻译伦理研究处于其自身理论的内部矛盾、系统研究还远没有达成一致的时期，在疑问和困惑面前，我们不妨回过头来好好思考一下翻译伦理研究为何而来，该走向何处。要思考这一问题，从字面本身来说要涉及两个层面的内容，一是翻译活动本身的最本原的意义，二是伦理存在的意义，而这两者都必须被置于人类社会历史文化层面来考量。

就翻译活动的本质而言，由于语言是最典型的一种符号指意系统，许钧认为翻译涉及的“符号的创造、使用与转换是人类存在的一种根本性方式，如果没有符号，人类无法认识自身，也无法认识世界、表达世界与创造世界”（刘云虹、许钧，2017：55）。在对翻译的本质进行准确认识与把握之后，可从历史事实出发，考察翻译活动与其赖以进行的历史、社会与文化语境之间的关系，进而辩证地看待翻译的作用与价值，“翻译始终是人类语言、文化与社会发展中的一种建构性力量”（刘云虹、许钧，2017：54）。不论是翻译的力量研究还是翻译实践，许钧反复强调的“何为译”“为何译”“译何为”是我们需要不断反思的问题。从符号学的意义来看，翻译活动从根本上是符号的转换行为，翻译实现了符号创造，人类的思想疆界才得以拓展，人类各民族、各文化之间的交流与发展才成为可能，也就是说，促进思想沟通与文化交流是翻译的根本任务所在。

就翻译的意义与功用，季羡林先生曾以中华文明的发展为例，分析中华文化之所以有别于其他文明生生不息、延续不断一直存续至今，是“因为翻译在起作用”。从翻译活动与社会历史发展的进程来观察，中国历史上每一次翻译高潮的出现与社会极度繁荣、文明快速发展有着密切的关联。所以，在对翻译功能的认识上，既要认识到翻译的沟通功能，更要认识翻译的跨文化交流与传播功能。站在人类文明发展的角度，可以说，翻译的功能服务于整个人类社会的文明与发展，如果有利于促进人类文明进步，就是有意义的，如果导致矛盾、冲突则是反文明的，就应被批判和抵制。在翻译研究领域，任何一种翻译理论或实践的研究，最终都要从人类文明与发展的历史角度来思考，这也是任何一门学科研究的历史责任和终极目标。翻译伦理研究除了对翻译研究有推进作用之外，也应该站在文化文明交流的宏观历史语境这一角度进行思考。

翻译研究的社会历史意义是翻译伦理研究的一个方面，同时也要考察“伦理”层面的内涵与意义。伦理是处理人们相互关系应遵循的道德，只要有人，有了人的活动与生活，有了人与人之间的关系，伦理就会发生作用。伦理学作为一门科学，主要致力于揭示、发展和证明有可能指导人们的行为、行动和决定的基本道德原则，人类社会与文明是历史的存在，而伦理是维系人类合理关系、健康发展的保障。由于所有学科的研究都涉及人类行为，也就会涉及伦理，因此伦理学具有广泛的渗透力，翻译研究也是如此。虽然翻译从表面而言是一种语言层面的转换，作为人类文明发展过程中的一项特定的行为，翻译也和其他的人类行为一样，是在人的意识支配下在各文化民族之间进行的有目的、有选择的活动，其背后涉及的是各文化主体的人，从而成为人与人之间交往的场所。那么，如何使翻译活动实现成功交往，促进各文化之间的交流，避免外来文化与本土文化之间的冲突？这是翻译伦理研究必须思考的深层次问题。要研究这一问题，首先需要将翻译伦理研究置于历史文化语境，不论承认与否，当前的世界是一个全球化的世界，这是我们进行翻译伦理研究的历史语境。

6.2.2 翻译中的文化普遍主义

在文化普遍主义时代，二元对立的绝对思维使得各民族文化主体地位不平等，存在着以科技发达国家为首的西方文化中心与非主流文化地位边缘化的对立。在翻译研究领域，情形也如出一辙。传统翻译研究中，以原文、原作者为核心代表的翻译主体拥有绝对权威，译者最根本的任务在于如何忠实地在译文中再现原文的方方面面，无论是西方译界的等值论还是中国的“信、达、雅”“临摹”等理论，都强化了原文、原作者的至高无上的文化中心地位，译者、译文等翻译主体的文化地位也就边缘化了。在翻译研究的语言学阶段，科学主义的思维决定了文本的封闭性与绝对性，翻译研究的重点自然就放在了对译文与原文的对比上，语言翻译被视为如何分析、理解和尽量完整地传达原文信息的多重意义这样一个“单纯”的问题。语言学研究的范式不仅强化了译者、译文文化地位的边缘化，也使得翻译研究无法摆脱绝对性思维的束缚，翻译研究也只能成为语言学或比较文学的附庸，其文化地位也被边缘化了。在文化研究中，非主流文化地位的边缘化造成了民族文化伦理的失衡，主张平等、对话的文化相对主义为非主流文化存在的合理性提供了理论依据，并试图将其从边缘的角落拉回其应处的位置，而在翻译研究中，文化转向为译者、译文等翻译主体的文化地位的抗争搭建了平台，为翻译研究成为独立学科提供了重要的理论支撑。由于研究视角的转变，“原来看似是语言的问题实质上变为了文化的问题”[①]。

源语文化与目标语文化关系的问题集中体现在翻译策略的取舍上。在文化与政治介入翻译研究以前，翻译策略的争论还只是停留在语言层面，也就是直译与意译之争。然而，在翻译研究的文化视域下，由于译者不可能与他所处的文化框架或文化范式相隔绝，必须在源语文化和目标语文化之间做出选择，翻译策略之争从“关注语言层次的转换问题转移到关注转换背后所发生的文化交流与冲突、意识形态的干涉、话语权力的得与失等问题上”[②]（王东风，2002：24），具体表现为以目标语文化为中心的“归化”与尊重源语文化的“异化”的对立。从翻译的历史来看，以目标语文化为归宿的原则曾经一度占了上风，其原因是多方面的，首先体现在文化层面。文化学派的韦努蒂认为，西方的翻译传统是以民族中心主义的价值观来塑造外国文本的，所以归化翻译盛行，在他们把弱势文化的文本翻译到其文本中时，弱势文化所持有的语言和文化特征被归化的手法所抹杀并被淹没在强势文化的洪流之中。从更加严重的层面来理解，归化翻译是作为具体的手段来“对原著和出发文化进行施暴的”（Robinson，1997：58）。归化的翻译策略以民族文化为中心，抹杀他文化中的异性，以自身的文化价值作为普遍价值来推行，是典型的文化普遍主义思维的产物。

归化翻译带来了源语文化与目标语文化地位的严重失衡，文化学派者对归化翻译进行了言词激烈的批判，大力倡导异化翻译，他们主张保持源语文化的“异性”。当然，文化学派者并不否认源语文本语言和文化上的差异，而是认为在目标语中充分展示他文化面目，其目的在于不让读者沉溺于自己的思维定势和偏见之中，通过反对文化普遍主义的自我欣赏和文化帝国主义来“维护与他民族的地缘政治的

① 查明建，田雨．论译者主体性——从译者文化地位的边缘化谈起[J]．中国翻译，2003（1）：21．
② 王东风．归化与异化：矛与盾的交锋[J]．中国翻译，2002（2）：24．

关系，遏制文化霸权的肆虐，并阻止这些价值观对某一文化他者进行帝国主义的归化”（Venuti，1995：13）。在文化全球化语境下，异化翻译体现出来的是对源语文化中差异性与特殊性的尊重、一种包容与接纳的文化态度，它通过保留来自他文化中的新鲜元素来实现相互学习、文化交流的目的，在思维模式上体现的是文化的相对主义，对实现多元文化的并存具有积极的意义。在当前翻译研究的文化语境下，越来越多的学者认为异化翻译将会成为翻译的主流，正如郭建中先生所指出的，“随着两种文化接触的日益频繁，以源语文化为归宿的原则将越来越有可能被广泛地运用，最终会占上风”[①]，这对翻译研究中的文化相对主义倾向做出了最好的诠释。

在翻译研究中，文化相对主义的思想也体现在了对具有民族文化特色的本土化翻译理论的诉求。在很多学者看来，“科学是不分国界的，不分民族的”，翻译作为人类的一项普遍性活动，自然存在许多共性的东西，因此就有了对一种放之四海皆准的翻译理论的探索，也就是所谓的“世界翻译学”。诚然，这种典型的普遍主义思维模式是有积极意义的，它能使世界各国共同致力于翻译学的构建。在过去几十年，中国译学研究的主要精力在于引进西方的翻译理论，并以此来指导汉语的翻译实践，也取得了很多成就。然而，当翻译研究的文化转向后，中国译界出现了对发展本土化译论的呼声。从语言的层面而言，翻译有科学的成分，但它还是一门涉及政治、文化、意识形态的特殊文化行为，翻译研究自然有着深厚的文化背景，因而不得不考虑中西语言文化差异所产生的巨大影响。在文化研究中的相对主义者看来，由于文化的相对性，不能以一种文化作为另一文化的评判标准，同样，我们不能拿某个文化背景下产生的翻译理论作为另一文化背景下产生翻译理论的标准。事实上，正如霍姆斯指出的，“有些理论号称普遍理论，实际

① 郭建中．翻译中的文化因素：异化和归化[J]．外国语，1998（2）：18．

上只讨论西方文化区域”[①]，那么，带有如此文化底蕴的西方译论对包括中国在内的东方世界也就不具有普适性了。正是基于翻译研究与文化的关联，部分学者建议建立有中国特色的翻译理论，强调中国的特色，用具有本土特色的学术话语来诠释中国特有的语言文化现象。

事实上，对本土化译论的诉求不仅有着学术层面的原因，更有来自文化层面的忧虑。在西方译论铺天盖地的时代，国内学者对中国学者在国际译界失语的状态深表忧虑与尴尬，产生了对本国文化的深层忧虑。在内心深处，中国人对有着辉煌历史的泱泱大国有着浓厚的民族情结，面对译学中学术话语权的缺失难以释怀。在文化全球化的大潮中，我们完全有理由担忧，由于文化与翻译的密切关联，一旦中国翻译研究学术地位边缘化，伴随着西方译论大肆入侵的是西方文化殖民与入侵，这将导致民族语言文化特色逐渐被蚕食。因此，“中国的翻译研究要创建更具鲜明理论个性和生命力的话语体系或翻译学派，并融入世界译学体系，在国际翻译理论界与同行直接对话，平等交流”[②]。唯有如此，中国的译学研究才能在世界译学中有一定的话语权，民族的语言文化特色才不至于在强势文化的洪流中被淹没。

6.2.3 对翻译文化霸权的批评

西方世界形成的“中心主义”是从西方的视角来俯视他文化的，潜意识中透露出西方文化的优越感，将其自身文化所承载的意义和价值观视为中心，认为其他文化和民族处在边缘地位，甚至是毫无意义的，并对他文化进行思想和行为的

---

① 孙会军，张柏然．全球化背景下对普遍性和差异性的诉求——中国当代译学研究走向[J]．中国翻译，2002（2）：4．

② 杨平．对当前中国翻译研究的思考[J]．中国翻译，2003（1）：3．

排斥。在全球化背景下跨文化碰撞的过程中，他文化因其文化弱势而成为异质文化他性，形成东方和西方两种不同的文化关系。对于这种不平衡的关系，萨义德在《东方主义》①中指出：西方与东方之间存在着一种权力关系、支配关系、霸权关系，所谓的“东方”不过是西方意识形态所构建的一个“他者”。

“东方文化”和“西方文化”表面看来是两种不同的世界文化，但事实上，“东方文化”是西方世界塑造的一种具有优劣差别的文化关系，成为西方强势文化征服东方弱势文化的理据，在东西方文化交流中，西方对东方实行的是文化的殖民行为。在翻译的过程中，译者在描述东方文化形象时依据其自身的文化标准来调整源语文本，在目标语文本中植入了源语文本的文化思维、价值观念。也就是说，东方文化是经过译者的过滤和加工后呈现在西方人眼前的，“东方”成为被统治、被书写的对象，从而实现了西方主体对东方的操控。这样一来，尽管翻译本来可以实现文化交流与理解的目的，结果却使翻译活动成为西方进行文化移植与入侵的最佳载体选择。

翻译中的文化霸权与文化殖民引起了文化伦理的失常，自然会导致严厉的批评，后殖民翻译理论（Post-colonial Translation Theory）集中体现了这一倾向。得益于翻译研究的文化历史语境，后殖民翻译理论同样不局限于传统翻译观，研究的焦点也不在于“忠实”“对等”等语言层面的转换，重点关注中心文化与边缘文化的权力差异，依据后殖民理论可考察不同历史语境下的文本翻译以及在一定历史时期内不同文化文本转换过程中暗含的权力操控。后殖民翻译理论认为翻译应该是建立在源语与目标语两种语言文化平等的基础之上进行的文化交流与信息转换。后殖民翻译理论的代表人物道格拉斯·罗宾逊在《翻译与帝国：后殖民理论的阐释》一书中，将“翻译”与“帝国”联系起来，认为“翻译为了帝国”“帝国为

① Said Edward.W.Orientalism[M]. New York: Vintage, 1979: 3-5.

了翻译”，翻译源于帝国主义和霸权的需要，是为了巩固帝国统治，翻译的任务就是向周边殖民地传播帝国的知识，而译者的职责就是帮助帝国主义者向殖民地灌输其主流价值观。因此，翻译成为了殖民教化、建造帝国的工具。罗宾逊认为，翻译有三种功能和角色：作为殖民的渠道，与教育的作用大体相似；殖民结束后，作为文化不平等交流的避雷针；作为殖民解体的一种渠道和方式（Robinson，1997：31）。

后殖民翻译理论的另外一名主要代表加亚特里·斯皮瓦克同样关注翻译中的权力和政治问题，她的翻译研究将西方马克思主义、女性主义、解构主义等思想融入进来，深入挖掘翻译、政治和权力话语之间的关联。她认为，“后殖民的文化身份与翻译息息相关，译者的任务就是抵制和反抗西方的权力话语，让翻译作品中被扭曲的历史恢复其本来面目，归属于殖民统治的历史要重新改写，第三世界的文化身份必须重建”（Spivak，1993：389-394）。在《给翻译定位——历史、后结构主义和殖民语境》著作中，来自第三世界的学者特雅斯维尼·尼朗贾娜也深入探讨了翻译和殖民活动之间的相互关系，殖民者与被殖民者存在明显的强弱关系，这种不平等的权力关系影响着殖民地的知识生产和传播，“翻译活动直接参与了殖民活动，是殖民者维护统治的手段之一”（Niranjana，1992：32）。也就是说，殖民翻译与殖民统治有明显的共谋关系，殖民翻译成为维护帝国主义语境下殖民者与被殖民者不平等权力关系的帮凶。

6.3 翻译文化伦理研究的出路

6.3.1 交往的伦理

在轰轰烈烈的全球化背景下，世界文化新格局的形成需要解决文化全球化与文化多样性的问题，以多元和差异为核心的后现代主义顺理成章地成为文化多样性的认识论根源和价值基础。对某一具体的语言文化而言，追求文化的完整性和可持续性是其背后民族文化的理想，而站在全人类的文明发展角度，保持具有差异性的多元文化共生发展是整个时代和人类发展的主题。事实上，在各民族文化发展的历史长河中，随着各文化之间的交往和交流，你中有我、我中有你的文化现象逐步形成，东西方文化之间会彼此影响、相互借鉴，但是，这种文明的借鉴应该是其民族文化发展过程中对自我文化反思后自觉接受外来文化并融入到自我文化中，而不是通过其他文化的强权、霸权（对他文化进行的文化入侵或文化殖民）来实现的。人类历史的发展进程表明，一旦某文化具有优越感而企图对文化他者进行文化入侵、殖民统治，就会造成各种矛盾的深化、人类文明的灾难。后殖民翻译研究对翻译中文化霸权与殖民的行为进行深入的揭露与批评，其目的既有边缘文化对文化平等的伦理诉求，也有更为深远的历史忧虑，如何克服翻译中文化交往的不平等、避免翻译成为文化殖民的帮凶，是翻译文化研究和翻译伦理研究的历史使命之一。全球化背景下，翻译活动是一种跨文化的交往、对话活动，也就是说，在这个交往的过程中必然有文化背后的人和人的交往，只要存在着交往关系，就必定涉及伦理的问题，也必然涉及一定的社会规范和准则。德国著名思想家和哲学家哈贝马斯提出的交往伦理（Communicative Ethics）对翻译的跨文化交往具有重要的启示。

随着科学技术的发展，现代科技理性主宰了现代社会，导致了人类社会理性的内在分裂，不但破坏了大自然法则，也渗透到社会政治经济系统（如人文社会学科被认为是“非科学的知识”），也导致伦理学研究不断被边缘化，甚至导致其丧失了实践生活中的普遍性价值。现代性道德成为科学技术的附庸，作为现代性文化价值核心的伦理道德失去了社会批判力量。可以说，现代科学技术充分彰显了人的主体性并带来了巨大的物质财富，但另一方面，人类在纵情于物质文明的同时，也承受了现代理性膨胀所带来的严重后果和危机，尤其是文化价值、伦理道德的种种困惑与文化危机。科学发展带来的工具理性畸形发展，破坏了正常的人际交往关系，以自身利益至上为核心的资产阶级伦理摧毁了人际交往的和谐基础，抹杀了个体的自由和个体间的差异，导致善与恶、真与假、美与丑的意义的倒置，人与人之间的主体－主体关系被视为人与自然之间的主体－客体的关系，人类被工具化、机械化。随着现代语言哲学的转向，交往伦理的出现为现实生活世界中的交往差异提供文化价值的参考。

在人类历史进程中，人类生存一直面临着物质匮乏的困境，其主要精力自然就投入到人与自然、人与外部环境的关系中，从而形成主体与客体的关系，很少关注人与人之间的主体与主体间的关系。随着现代科技的飞速发展，人类的物质问题被缓解，现代性的中心从认识自然、改造自然转向人与人之间的相互协商与理解，交往关系问题在人类生存中占据越来越突出的地位，进而为交往伦理研究提供了研究的现实意义。按照哈贝马斯的论述①，交往伦理指两个或以上交互主体之间以现实世界为背景、以语言为媒介、以尊重与平等为前提，通过沟通与商谈以达成理解与共识为目的而形成的普遍性伦理原则。在当代社会，交往、对话已经成为人的根本生存方式，语言的社会属性决定了人类存在不是主体的独语而是主体间的对话，对话过程是基于相互尊重的情理沟通和理性商谈过程，包括尊严、关怀、为善的德性伦理，也有义务、责任、正义的规范伦理。

人与人交往关系构成的“交往理性”与科学理性的目标是完全不同的，既包含了认知的工具理性，更重要的是涵盖了人类社会实践的道德性和审美性，体现的是追求人类和谐发展的真、善、美的统一，这也是人类存在的本源意义所在。

① 薛华．哈贝马斯的商谈伦理学[M]．沈阳：辽宁教育出版社，1988：2-4．

交往理性体现的不是主体与客体之间的支配与被支配、控制与被控制的关系，而是以对外在事物的理性认知为前提，以客观事物为载体，也就是以人类主体与客观世界这一客体的关系认知为平台，各主体间进行的交往与沟通。交往的主体双方在交流与协商的过程中，所遵循的原则是双方达成共识的道德规范与伦理价值，彼此之间平等、相互尊重，不带有强制性与暴力征服。在交往主体视域中，客观世界是真实存在的，人类社会是正当合理的，主观世界是真诚交往的，交往的过程就是对世界重新进行构建的过程。在交往理性模式下，以理解模式代替认识模式，人类社会的各个成员达到对客观事物的共同理解，建立大家认同一致的伦理道德规范，保持和谐的人际关系，维护生活世界的合理结构，这是判断一个社会在总体上是否合理的根本标志，也体现了人类生存于世界的价值与意义，也是21世纪全球化的迫切要求。

6.3.2 文化间性的启示

自笛卡尔时代以来，西方哲学世界的主客体二元对立模式占据了统治地位，主客分离使人类的自由和人格被消解，这种二元对立和理性独断在西方受到强烈的批判，主体间性这种互为主体的关系对于人类关系的重建具有重大的理论意义。“主体间性”这一概念由现象学之父胡塞尔最先提出[①]，传统的主体－客体关系被主体－主体的关系取代，即自我不将他者视为客体，而是当作另外一个主体，世界也就成为一个彼此享有的共同体，而非某个主体的专有世界，“主体间性视为一种超越传统意义的主体性”，哈贝马斯则提出“主体间性”是人类语言交往中所形成的精神沟通、道德同情、主体的相互“理解”和“共识”，使我们的意识状态变

① 张廷国．胡塞尔的“生活世界”理论及其意义[J]．华中科技大学学报（社会科学版），2002，16（5）：15-19．

得多元化，不再单一。哈贝马斯关于交往理性理论中提出了“系统－生活世界”的概念，这一“系统”是站在人类发展的宏观层面提出的系统性概念，对应的是人类为满足物质生活需要而建立起来的一套完整的组织机制，而“生活世界”对应的是维护人类在文化传统、相互交往的过程中秩序的需要，也就是说，系统是人类活动目的的合理性，而生活世界是人类交往的合理性，在交往行为中，主体间性是交往理性的核心概念。

在论及人类行为时，哈贝马斯区分目的－理性行为和交往行为两个类别，前者是主体与对象之间的关系，后者则是各个主体之间的相互联系，而主体之间的交往是互为主体而不是对象。主体间的交流方式是共享，通过共享实现交往实践，在交往实践中实现主体之间的平等。在与他者的交往中，只有相对于他者才能成就自我，在这种主体关系下，人们才看到实现了自身的自我与他者自我的存在。因此，“主体间性”的基本原则是平等，互相认可对方的主体地位性，形成相互尊重、理解的和谐关系并不断通过沟通以最终达成共识。交往理性的目的在于行为主体之间的相互理解与尊重，交互主体之间相互关系和交互影响，交互主体性不是指自然世界中的生物性存在，而是人文世界中的文化性存在。在20世纪哲学“语言学”转向的背景下，语言是主体间进行交流的工具与平台，因此，交往理性涉及人类生活中的语言，即人类的语言。在同一语言内部，人类通过言语行为完成交往，在跨文化交流中，同样也是通过言语进行交流，也就是说，在跨文化交往中，主体间性涉及的核心关系必然是文化关系。

主体间性理论避免了人与人之间的主客体二元对立，强调了主体之间的相互作用和在平等基础上的交往。哈贝马斯在对交往行为理论进行研究的过程中，将“主体间性”的研究重心转移到了文化层面，促使“文化间性”理论被提出。随着全球化进程加速发展，跨文化交际已然成为促进世界各国经济发展、文化交流的必然途径，翻译的跨文化交际也已经成为翻译界的共识。在翻译的不同文化背景下，如何理性面对文化差异和彼此之间的文化关系态度至关重要，而主体间性、交往理论的提出为世界文化交往提供了重要的启示，也为跨文化交际实践提供了坚实的基础。从主体间性的基本思维模式出发，文化间性的理念与主体间性的理念是一致的，提倡各文化主体之间具有同样的主体地位，在承认文化差异的前提下，差异不是障碍，而恰恰相反，为相互学习和借鉴提供了机会。由于历史原因，每一种文化都具有相对独立的完整的体系，而文化间性关注的是不仅仅是各民族之间的异同，而在于文化世界中各文化的相互作用、相互影响，在各文化相互交流、互相渗透的过程中，学习、吸收他者文化的精华才是文化交流的真正意义所在。正如有学者指出的“文化间性即为文化与他者相互作用、相互影响、相互渗透，它以承认差异、尊重他者为前提，以文化对话为根本，以沟通为旨规”[①]。另一方面，在文化交往的过程中，某一种文化在对方的文化视野中会形成“文化意象”，可以通过文化他者视域的“文化意象”来反思自我文化。

人类历史发展表明，全球化的发展也导致了民族主义的崛起，韦伯的“新教伦理与资本主义精神”、沃勒斯坦的“核心－边缘”理论、亨廷顿的“文明冲突论”无一不提到全球化过程中发展壮大的民族主义，无法否认并阻挡的全球化趋势与民族主义思潮的矛盾根源在于各民族社会、经济、文化发展的不平衡以及政治利益的追逐。面对经济全球化趋势，在文化的交流过程中，文化也会伴随经济的发展进行世界范围的重构，而西方文化在历史现实中具有支配性的影响，形成了对民族国家的冲击和渗透，其文化霸权甚至是文化侵略依然存在。西方文化运用各种手段同化他者文化，甚至逼迫其他文化认同其文化和价值观，导致不同民族文化之间充满摩擦和冲突。为此，各民族产生了一些新的社会的和伦理的学说，形

① 蔡熙．关于文化间性的理论思考[J]．大连大学学报，2009，30（1）：82．

成了不同的价值观念。在全球化背景下，当前世界强调文化多元的呼声日渐高涨，而文化间性理论对文化持开放的态度，承认差异并尊重差异，提倡文化对话并成为协调跨文化交往的行动准则。在跨文化交往中如果人类站在共享人类文明成果、命运共同的高度，心系全球和平发展与进步，克服狭隘的民族主义，能够真正应用交往理性、文化间性思维进行对话，超越各自文化的局限性，超越个体利益和其所在的群体的利益的束缚，那么，各文化在交往中就能获得对自己和他人的价值观念的正确认识，取长补短，共同发展，不断改进。

6.3.3 文化伦理原则——平等与互动

平等是两种文化关系的伦理原则，在平等的基础上实现对话与交流，平等就意味着各文化都保持了相对的独立性和完整性，彼此之间存在着界限，这种文化态度限定了自我文化与文化他者的独特性。事实上，每一种文化都是在与文化他者的关系中进行自我的定位，从历史的发展来看，人类各民族都在思考一个文化问题：文化肯定都是要往前发展的，也都在思考其最终的发展方向与目标，也就是文化的同一性或普遍性问题。在一定的历史时期内，一种文化在话语实践中都想保持自身的独特性，独特性意味着自我文化不至劣于其他文化，在潜意识中还具有同一性或普遍性意识。由于同一性问题是根据一种文化与另一种文化的相对关系形成的，文化的自我限定与文化的同一性矛盾就会产生：在文化交流与实践中，每一种文化都会对另一种文化产生这样或那样的干预和影响，因而事实上会影响到同一性的自我限定和同一性本身。在历史进程中，某些文化借助于历史事实上形成的优势而认为自己的文化是优越的，对文化他者持否定态度并通过各种方式进行干预、影响或改造，他们一方面要求保持自己文化的独特性，另一方面，又强调其独特性的价值具有普遍意义，从本质上来说就是文化帝国主义的思想与态度，英国的“日不落帝国”之说、法国对法语语言的优越感、美国对世界各国的文化霸权等都是这种文化帝国主义最为真实的写照。

文化帝国主义只是文化伦理关系态度中的一种，更多民族文化主张对文化完整性的保护，这也是当前世界尤其是经济发展相对落后的国家普遍存在的一种文化伦理思想倾向。持有这种文化态度的人认为，自我文化具有独特的价值，应该加以防御和保护，强调其他文化的外来性或他异性而强调自己的独特性。在文化交流实践中反对外来文化的入侵，担忧文化交流助长文化殖民主义。这种现状不仅在处于边缘地位的第三世界国家存在，在欧洲和美国同样存在。土耳其人口在西欧国家的大量流入，非洲后裔在法国的高出生率，全世界非洲裔、拉丁裔和亚裔对美国的移民潮，导致这些国家（西欧国家、法国、美国）因担忧大量移民问题导致其文化主体衰弱而严重不满甚至采取极端的措施。

当然，在全球化背景下，更多的学者们提倡的是一种跨文化平等交流的态度，在他们看来，独特性和完整性既是一个相对的概念也是一个动态的过程，在维护自我文化相对独立的情况下持有一种开放的文化态度，每一种文化都是世界文化范畴的一个组成部分，欧洲一体化除了政治、经济方面的原因，还在于欧洲国家在文化层面表现出其开明的语言政策，接受外来语言文化和本土的结合，不排斥随着时间的推移逐步形成一个欧洲文化共同体。在美国，欧裔美国人将欧洲的一些术语、亚裔美国人将亚洲一些独特的文化术语直接应用于美国的话语实践，这些文化术语有相当一部分逐渐在美国被接受，这样美国既保留了其文化的相对独立性，也为自身文化增添了异域文化的色彩，因此文化的多样性得以彰显。

“德国哲学家伽达默尔提出把‘理解’扩展到‘广义对话’层面。只有‘理解’被提升到‘广义对话’的层面上，主体与对象间的地位才能从不平等过渡到平等；只有当对话的双方地位平等时，对话才可能真正的进行”（赵伟卫，2011：

29）。在对话中，哈贝马斯提出在处理不同文化之间关系的“正义”和“团结”原则（同上）：“正义原则”就是要保障每一种民族文化的独立自主性，应按照其民族的意愿进行独立的发展，而“团结原则”就是对待其他民族的文化应有尊重、同情和理解的态度。在哈贝马斯看来，交往理性的目的在于不同文化类型之间实现跨文化交往，提倡的是话语权利的平等与互动性，平等表现在各文化主体之间的关系是平等的，而不是殖民与被殖民、征服与被征服的关系，而互动体现在文化主体之间不是孤立的，通过对话来互动并实现共存。通过交往理性和多元对话取代一元主体中心论，彼此之间形成良性互动、良性循环，用对话、商谈的原则处理不同文化之间的关系，消除了权威和中心，“从而避免了主体主义因过度提倡理性所导致强势主体压制弱势主体的状况”[①]。这样一来，人类不仅能够最大限度消除因文化问题而引发的冲突、战争，还能推动文化交流，使人类社会的不同文化在相互借鉴、融合中发展各自的特色，达到“文化的共存”的目的。在文化对话实践中，各民族文化类型应当超越各自文化传统的基本价值局限，摒弃历史形成的偏见与误会，在彼此平等的基础之上进行对话、相互尊重，以便办商彼此之间的矛盾，寻找解决问题的途径，这应当作为国际交往的伦理原则得到普遍遵守，这对于人类和世界的未来至关重要。

6.4 文化翻译与“杂合”

6.4.1 “杂合”的由来

“杂合”一词自19世纪以后被越来越广泛地应用在学术研究领域，先是主要

① 宋雅萍．马克思主义哲学研究[J]．论主体间性，2008（1）：201．

用于自然科学领域，后来又逐渐渗透到社会科学之中，成为一些学科中的重要概念。在生物学中，“杂合”的意义就是“杂交”，指不同种、属的两种动物或植物的后代，比如杂交水稻。在语言文学中，“杂合”也是一种非常普遍的现象，英国著名后殖民学者霍米·巴巴将这个概念引入后殖民研究，使之成为后殖民理论中的一个常用术语。巴巴认为，殖民文学的一个显著特点就是杂合，在殖民时期，宗主国的文化侵入殖民地文化，且与殖民地原有文化的一些成分杂合，这是无法回避的文化现实。在殖民地文化变得杂合的同时，宗主国的文化也逐渐具有了一些杂合的性质，在宗主国内部，由于部分人渴望了解外部文化，也对部分文化表现出欢迎的态度，因此文化杂合的现象得以形成。在后殖民时代，殖民地文化与西方宗主国之间的文化的冲突不但没有结束，而且随着全球化趋势的加速，殖民地文化的杂合在相当长的历史时间内依然存在。在当今世界，由于各国之间文化相互影响不断加大以及文化的流动，多元、多重组合形式的文化产生了，文化的杂合成为一种普遍现象，“可以毫不夸张地说，欧洲文化发展到今天之所以还有强大的生命力，正是因为它能不断吸收不同文化的因素，使自己不断得到丰富和更新”[①]（乐黛云，2001：44）。

不仅如此，有些作者在现代主义文学创作中有意增加殖民地的语言文化，打破西方文学的传统观念，使得作品不容易被殖民权威所操纵或控制，宗主国读者必须认真阅读和思考之后才能对作品有所理解，从而实现挑战西方文学权威的目的，消解宗主国语言文化的中心地位。由于语言、文化、文学中广泛的杂合现象，翻译研究也对杂合现象给予了关注：贝尔曼（1992：3）认为“多语现象使翻译困难起来”；皮姆提出“翻译学者应该关注原文杂合的问题”，从翻译与文化杂合的角度讨论了多语文本的翻译方法；韦努蒂（1998：178）认为，“在殖民和后殖民

① 乐黛云．多元文化发展中的问题及文学可能作出的贡献[J]．中国文化研究，2001（1）：9-15．

情境中，由翻译释放出来的杂合的确可以超越霸权主义的价值观，使这些价值观受各种地方变体的影响”。

6.4.2 杂合与跨文化交流

杂合现象非常普遍，从本研究关注的跨文化伦理角度来说，主要指文化交流层面的杂合现象。对于翻译而言，尽管不同国家、不同时期的人们的目的不尽相同，但其中一个核心的任务是要促进不同文化之间的交流，使一种文化传入到另一种文化，美国人类学家哥登威塞（Goldenweiser）曾指出，“一个民族文化中纯粹本地的因素与来自外域的因素的比例为 1:10”①。由此可见杂合的普遍性。通过翻译，在译入语中添加外来的异域成分，一方面可以满足目标语读者对陌生文化的期待，另一方面，如果译文完全不具有杂合性，没有一点异质性的成分，译文就无法达到文化交流的目的。因此，从跨文化交流的角度而言，译文的杂合和翻译的跨文化交流的目标是一致的，在文学翻译中，这种一致性表现非常明显。以中国近现代翻译史为例，翻译的杂合对我国文学、文化的发展与进步影响非常巨大。

在文学方面，“杂合”的译文对丰富我国文学影响巨大，很多学者都指出，在鸦片战争之后，汉译外国文学实际上已成为中国文学变革的主要原动力，甚至大大超过了传统文学的影响，域外小说的输入是第一推动力，如晚清时期颇为流行的政治小说、科学小说、侦探小说，“可以说是纯粹受西方文学的影响”（郭延礼，1999：44）。杂合现象对文学创作的文学手段、表现手法也起着至关重要的作用，在叙述角度方面，中国侦探小说家模仿英国福尔摩斯系列侦探小说中第一人称的叙事方法，如程小青的《霍桑探案》、刘鹗的《老残游记》（郭延礼，1999：207），

① 郑也夫. 代价论：一个社会的新视角[M]. 北京：生活•读书•新知三联书店，1995：119.

茅盾的《子夜》在小说结构布局方面明显受了林译《撒克逊劫后英雄略》的影响。西方文学的引进还打破了中国文学的格律限制，歌剧、话剧形式的作品得以出现。中国文化之所以还能够绵延不绝并保持旺盛的生命力，除了本身优秀的文化传统，也在于在近代、现代史上吸收了印度文化、西方文化等诸种文化的有益精髓，这是翻译“杂合”的最富有意义的结果，使中华文化得以丰富和更新。

从跨文化交流的角度来讲，翻译是异质文化之间进行交流的媒介，“杂合”是最合适的文化交流方式，也是文化交流的必然结果。在语言、文学和文化各个层面上，在译文中两种不同的文化“杂合”的情况非常常见，而且“杂合”之后的译文起到对目的语语言、文学和文化的优化作用，完全没有必要过于强调传统文化的纯洁性，对外国文化中的表达方式根据实际需要来决定是否采取迎接包容的态度。也许第一次在译文中出现的外来文化对目的语读者来说会有点陌生或不习惯，但只要是从丰富自身文化的目的出发，随着时间的推移慢慢就会被接受而变得自然，汉语里的“猫哭老鼠”“一石二鸟”成为大家普遍接受的外来文化词语，英语中的 lose face（丢面子）、no can do（不能做/干不了）、long time no see（好久不见）是汉语在英语中杂合的历史见证。通过杂合翻译，目标语文化与源语文化接触、碰撞、融合，源语文本中的差异融入到目标语中，为两种语言文化的相互理解创造了条件，对丰富目的语文化也具有重要的意义。

6.4.3 杂合与反文化殖民

通过翻译，两种文化在交流过程中出现“杂合”现象，“杂合”成为文化交流的方式与手段，“杂合”对目的语文化具有积极的一面。不过，有时候“杂合”具有其复杂性。在殖民统治时期，印度、非洲等具有殖民者文化与被殖民者文化“杂合”的特征，这些地方的人们对于杂合具有一种复杂的感情。在后殖民理论家的眼中，他们曾经对殖民统治深恶痛绝，也认为殖民统治破坏了他们原有文化的纯洁，殖民地获得独立后，他们渴望从屈辱的殖民历史中独立出来，对于“美好的往昔岁月”抱着怀旧的情结，希望确立自己独立的文化身份。在这个过程中，翻译被当作彰显民族身份的有效手段。正如笔者在上文中所述，由于杂合是相互影响的行为，近些年来后殖民主义的观点有了一个大的改变，“后殖民写作对后殖民文化的杂合性表示关注，并把这种杂合性看作是一种优点而不是弱点”①，尽管在两种文化之间的输入与输出不是完全平等的，但“后殖民时期的交往行为并非仅仅表现为压迫者对被压迫者的抹杀，或是殖民地人民被殖民者完全消声这样一种绝对单向的活动。事实上，后殖民理论都强调这种交往的相互性”（同上）。

不可否认，在帝国主义殖民过程中，翻译曾经被宗主国用作殖民统治的工具，在后殖民主义时代，翻译也被当作强势文化对弱势文化进行文化入侵的主要手段之一。但反过来，殖民地文化、弱势文化可以通过“杂合”对占主导地位的殖民文化进行“改写”，成为使西方文化“地方化”的一种手段，也就是说，翻译也可以成为弱势文化以其人之道还治其人之身、对强势文化进行抵制与反击的有力武器，“杂合”也可瓦解宗主国与殖民地、强势文化与弱势文化之间的二元对立，是弱势文化逃脱殖民文化的控制或是西方权威的压迫的一种手段。后殖民主义翻译理论家拉斐尔（Rafael）认为，与民族主义比较起来，“杂合”似乎是一个更加有效的抵抗手段。在殖民统治时期，殖民地人民就常常使用翻译这一手段对殖民者进行抵抗。事实上，殖民地人民在用殖民者的语言与殖民者进行交流的时候，通过杂合方式，可以使殖民者感受到自己语言文化的异质性，在自己的文化中不断迷失，并由此感受到殖民地人民在一定程度上也可以对殖民者起到控制作用。

① 孙会军，郑庆珠．翻译与文化“杂合”[J]．外语教学与研究，2003（4）：298．

第 7 章　几个翻译伦理问题的反思

7.1　忠实：从文本走向伦理

7.1.1　文本层面的“忠实”

无论什么年代，关于“忠”的声音在中西译界都不绝于耳，但是传统的“忠”大多是“忠实”之意。例如，汉代支谦和道安分别提出了“因循本旨，不加文饰”和“案本而传，不令有损言游字”，他们在佛经翻译实践中严格恪守“忠实”标准，玄奘法师强调译文“既须求真”，林语堂提出翻译应该“忠实、通顺、美”，鲁迅的“宁信而不顺”，泰特勒的“三原则”，奈达的“动态对等”等，这些翻译标准尽管表达方式不尽相同，但都体现了同一核心思想——译文要对原文效忠，原文的权威性得以强调。从伦理的角度而言，“忠实”标准问题是翻译研究中最突出的具有伦理关涉的概念。20 世纪后期解构主义思潮的兴起，消解了文本意义的稳定性，破坏了传统“忠”论的前提条件，即“翻译是在不受任何外界干扰与影响的真空条件下进行的，源语文化与译语文化是处于完全平等的地位上进行对话的，作者与译者是完全价值中立的……意义是通过语言规律设定的，所以译文与原文是完全可以达到等值的”。然而事实上是翻译不是在真空的条件下进行的，源语文化与译语文化、作者与译者也不可能完全平等，译文与原文之间完全的对等与忠实会受到太多的社会因素影响，随着伦理学研究热潮的出现，人们开始对传统翻译“忠实”论进行不同角度的思考，并赋予多层面的内涵。

传统的“忠实”论主要是从文本层面出发的，强调译本和原文本间的忠实程度。传统翻译观认为，译本必须忠实于原作，衡量译作的好坏和价值的标准，也在于译作要对原作在多大程度上的“忠实”，因此也就有了各种表达各异的“忠实”标准。但是，什么是“忠实”的精确内涵、在哪些方面能做到“忠实”、能否百分之百地“忠实”于原文、怎样才能做到“忠实”以及如何解释跨文化间的不可译现象等诸如此类问题，都是一个个含混不清甚至不能回答的问题，但非传统“忠实”标准能够诠释清楚。并且，现实生活中还有很多“不忠”的译作能在社会中产生很大的影响，例如：林纾尽管不懂外语，但其在《巴黎茶花女遗事》《黑奴吁天录》等的翻译中进行的那些增、减、改的“不忠”翻译却给当时中国社会文化生活带来了巨大的影响；严复提出了谈翻译必谈的“信、达、雅”标准，但在自己的翻译实践中并没有严格按照这个标准，在《天演论》的翻译中，采用“非正法”的翻译策略，其翻译冲击波影响了一代又一代的学者。他们之所以采用这样的策略，与当时的社会背景有极大的关系，这也说明了除了“忠实”标准，还有一些其他的社会和人为因素能影响到翻译。

何谓忠实？严复认为是“译文取明深义，故词句之间，时有所颠倒附益，不斤斤于字比句次，而意义则不倍本文”，意思是译文应该抓住全文要旨，对于词句可以有所颠倒增删，只要不失原意，不必斤斤计较词句的对应和顺序。严复尽管提出了在翻译时可以放弃原文的语言形式即形式上的不忠实，但是最终目的还是获得原文与译文之间在意义上的忠实，那么，严复的忠实观就是只要在意义上是忠实的，就可以有语言形式上的不忠。林语堂认为意义的“忠实”标准是“译者的第一责任，就是对原文或原著者的责任，换言之，就是如何才可以忠实于原文，不负著者的才思与用意”[①]。林语堂的定义体现了译者的天职，忠实地表达出作者的用意，在一定程度上表达了译者与作者之间的人际关系，但是重心还是落在了译文与原文之间的“忠实”关联上。茅盾先生于 1954 年 8 月 18 日在全国文学翻译工作会议上的报告中指出“对于一般翻译的最低限度的要求，至少应该是明白畅达的译文，忠实地传达原作的内容”，茅盾眼里的忠实是必须要在内容方面忠实，在文字方面流畅；泰特勒则把忠实定义为译文对原文的内容、形式、风格都要“忠实”；巴尔胡达罗夫（1985）指出，翻译是把一种语言的言语产物在保持内容不变的情况下，即意义不变的情况下，改变为另一种语言的言语产物的过程，他的忠实强调意义的忠实；卡特福德认为寻找译语的等值成分；奈达认为翻译是指从语义到语体在译语中用最切近而又最自然的对等语再现源语的信息。还有更多的学者提出了翻译应“忠实”于原作，这些“忠实”的内涵尽管有差异，它们或者是内容的“忠实”、意义的“忠实”、功能表达上的“忠实”、作者意图的“忠实”、写作风格的“忠实”，或者是文化意象的“忠实”，但是，这些“忠实”体现的都是一种交际关系，都是指译本和原文本之间具有多大程度的相似度。并且，这种“忠实”只能是一种翻译理想，首先，绝对的“忠实”是不可能完全实现的，翻译过程中涉及的社会、意识形态等要素绝非抽象的“忠实”二字能够解决；其次，即使对于同一作品，在不同的时代背景下译者针对不同的读者也会有不同的翻译策略和翻译思想，因此，“忠实”会因人因时而异；最后，在当今翻译高度商业化和职业化的情况下，译者出于生存利益关系，他们的翻译策略会在很大程度上受到客户的影响。

① 罗新璋．翻译论集[C]．北京：商务印书馆，1984：419.

7.1.2 走向伦理：人际间的“忠诚”

翻译活动是一种典型的人为操控的活动，译者作为中间人来实施这种活动，是最大的操控人，译者的操控行为还会受到人为因素（如赞助人、客户、委托人等）的影响。因此，基于交际关系的传统 “忠”论已经不能完全诠释翻译，翻译“忠”论的“忠实”内涵由于受到太多人为和社会因素的干预，逐渐变化为基于人际关系的“忠诚（Loyalty）”。

德国功能学派学者克里斯汀·诺德提出在翻译中用“忠诚（Loyalty）”来修正传统的“忠实（Fidelity）”。他认为，传统的“忠实”是基于文本间的一种联系，主要体现对原文意义的再现，而“忠诚”基于人际关系，体现译者在翻译活动中对所涉及的各种人为因素诸如作者、读者、委托人等的关注。安德鲁·切斯特曼（Andrew Chesteman，2001）也从人际关系出发，在《希波克拉底誓约》一文中提出了五种翻译伦理模式，这些伦理模式从忠诚的角度出发，体现对翻译活动中各种人为因素的极大关注。

（1）“忠诚”于原作者。在翻译活动中，译者首先是以一个读者的身份出现的。译者在翻译之前，应该仔细通读原文，透过字里行间，设想作者当时的写作背景、写作动机，尽最大可能地在翻译中再现原文的内容、风格、功能和作者的意图，体现译者对原作者的忠诚以及对译文的“忠实”，尊重原作者，尊重原文本中所有意义的表达，这也是译者职业的一种最基本的职业操守和道德规范，当然，百分之百地表达原文的信息是不可能做到的，但是我们可以尽最大可能地在译入语中寻找对等信息、相似情境和文化意境，以严复翻译之“一名之立，旬月踟蹰”的精神，追求对原作者最大化的“忠诚”，而如果能够做到忠诚于原作者也就必定能够忠实于原文。当然，当原文本本身有缺陷时，译者可以本着职业道德精神采用注解的形式予以纠正或修改，从另外一个角度而言，这也体现了对读者的忠诚。

（2）“忠诚”于委托人。在当今高度商业化和职业化的时代，很多译者把翻译当作一种职业，一个谋生的手段。例如，译者在翻译公司工作就是一种典型的为客户服务的商业工作，译者首先要最大限度地满足客户和老板的需求，然后才是读者的期待，最后才考虑原作者，甚至在某些时候会牺牲作者的意愿，原文在此只不过是信息源。传统的“忠实”观在这里已经被“服从和忠诚”所代替，翻译原则、翻译方法和策略要服从于当次翻译的主要目的，当然，这种“服从和忠诚”的前提是译本整体忠实、局部不忠，表现为对某一段文字的增、删或改译。译者在职场生涯中，本着“客户至上”的服务原则，按照客户在为其指派翻译任务时所详细交代的当次翻译的目的、对象、时间、场合、媒介及译文的预期功能，进行符合客户要求的翻译。

（3）“忠诚”于译入语读者。随着传统的“忠实”标准的解构和接受美学的盛行，译入语读者群开始成为翻译研究的关注点。由于这个群体的教育程度、生活背景、年龄层次、审美情趣等个体差异的存在，他们对同一译本会有各自不同的理解，因此每一个读者都有一个先在的期待视野，即读者受母语文化影响的阅读经验构成的思维定势或先在结构。怎样才能“忠诚”于这些个体差异极大的读者群呢？译者在翻译之前应该对译本的受众做一个全面的了解，例如，他们的文化层次如何？他们是以求新为美还是以传统为美？为了迎合这些读者的口味，译者可能要牺牲一些东西，如风格、韵味等，尽管局部违背了“忠实”的翻译标准，但是整体“忠诚”于读者，例如：两个“迦茵小传（John Haste）”译本的对比可以说明此理，一个是林纾与魏易的合译本，该译本由于没有考虑到当时中国社会对性比较保守和压抑的情况，没有对迦茵和亨利相爱“未婚先孕”的情节进行处理，不为当时的民众所接受，而潘溪子（杨子麟与包笑天二人的合名）的译文因为删减了相关情节而使译本受到众人欢迎。

（4）“忠诚”于译者本人。翻译作为一门职业，译者在翻译过程中必定要遵守职业伦理，例如：忠实是天职，译者要真诚地对待读者、作者和委托者，不能胡译、乱译，做一名有道德心、责任心、有良心的译者。但是，翻译作为一种职业总是受到一定主体如翻译公司老板、委托人、客户、赞助人等的操控，当译者的职业伦理与上述主体利益相冲突之时，译者是牺牲个人的职业道德，以客户的利益为重还是权衡考虑各种因素，保持个人的职场处事原则呢？如果这个译者能“忠诚”于本人，那么当他接受各种翻译任务时，他首先考虑的不只是个人利益问题，如果需要为了满足和迎合委托人和客户的要求而完全违背忠实原则，译者可以选择不接受这个翻译任务，同时，在接受翻译任务时，他还可以选择自己最擅长、最熟悉的行业来翻译，以做到忠实于自己的认知结构、研究领域和兴趣取向。

基于文本层面的“忠实”是必不可少的，如何全面忠实地表达作者的声音和文本的意义仍然是一个需要长期探讨的主题，但是，百分之百的忠实已经证明是不可能的。因为随着时代的发展，传统翻译“忠”论的内涵已经发生了改变，已经远远不能诠释翻译活动，翻译过程中的每一个环节涉及的人为因素都会给翻译实践带来很大的影响，给翻译策略带来变化。在这样一个充满变数的过程中，译本不可能是唯一的，因此也就没有绝对的“忠实”可言。而基于人际间“忠诚”的标准，则能更加全面地阐释翻译，译者要把原文作者的意图表达出来，体现“忠实”的原则，同时，还要考虑到译本的受众——读者的感受，或者关注到客户、委托人的利益以及自己个人和职业伦理操守，译者在这些复杂的人际关系网中不停地调停、周旋，找到一个最佳点，因此，用“忠诚”来阐释翻译“忠”论更为合适。

7.2 对异化翻译的伦理反思

7.2.1 归化与异化之争

很长时间以来，翻译界在翻译策略的取舍问题上争得不可开交，关于归化与异化的争论形成了“你死我活的角斗”[①]。然而，在历史上，以译语文化为归宿的原则似乎占了上风。自 20 世纪 80 年代后，随着全球化和文化研究的兴起，翻译理论界开始对归化与异化进行文化层面的审视。在西方译界，施莱尔马赫（Schleiermacher）、韦努蒂（Venuti）等诸多学者从文化的视角对归化翻译进行了言词激烈的批判，大力提倡异化翻译。在国内，翻译界对异化翻译则表现出更大的热情，归化被认为是“翻译的歧路”，而“异化是发展的必然”[②]，随着两种文化接触的日益频繁，以源语文化为归宿的原则将越来越有可能被广泛地运用，最终会占上风。

在西方译界，归化与异化翻译策略的交锋最早源于德国思想家施莱尔马赫，他提出“翻译的途径只有两种，一种是尽可能让作者安居不动而引导读者去接近作者，另一种是尽可能让读者安居不动而引导作者去接近读者”（Schleiermacher，1992：42），后来缔造多元系统论的 Even-Zohar 从文化和历史的角度对这对翻译策略进行了描述，而韦努蒂在 1995 年的《译者的隐形》一书中正式提出归化与异化的术语，提倡用阻抗式翻译抵制归化的翻译。在韦努蒂看来，归化是“将异域文本中的‘陌生性’（Foreignness）降低到了最低程度”的翻译策略，而异化是“故

① 李建忠．翻译中的归化与异化[J]．北京第二外国语学院学报，2004（1）：40.

② 孟志刚．论翻译“异化”和“归化”的辩证统一[J]．西安外国语学院学报，1999（4）：83.

意对目的的语文化的规范进行冲击而保留原作中一些陌生性的翻译策略”（Venuti，1995：20）。自韦努蒂提出异化的主张后，既有来自支持派的附和，也受到很多学者的批评，形成两大阵营对立的局面。

在国内，归化与异化的争论也同样激烈，对此，王东风（2002）等人曾进行了较系统的总结。一般认为，在中国，关于归化与异化的争论最初源于直译与意译之争，在历史上经历了三次大规模的论战。第一阶段为古代佛经翻译中的“文质”之争；第二阶段为 20 世纪 20～30 年代以鲁迅为首的一批左翼派所主张的直译与以梁实秋、瞿秋白为首的一批右翼派主张的意译之争；第三阶段为当代译坛由刘英凯的《归化——翻译的歧路》一文而引发直至今日的争论。在中国的翻译史上，虽然争论不断，但总体而言，无论是最初的“信达雅”，还是林语堂的“忠实、通顺、美”、傅雷的“神似”、钱锺书的“化境”等，译论中大多体现的是以归化为主的翻译主张。之后，在翻译研究的“文化转向后”，受西方文化翻译派的影响，主张异化的观点被越来越多的学者所推崇。

不论是西方还是中国，关于归化与异化的争论从来就没有停止过，而且似乎还会持续下去。在翻译史上（尤其是西方翻译史），归化翻译主张一直占有主导地位。然而，近些年来，这一主张受到严峻的挑战与批判，异化的观点成为诸多学者极力主张的策略，这一倾向实际上有其深层的文化背景。在语文学阶段，对翻译研究主要处于经验层面，后来，语言学的发展将翻译研究推入到结构主义的阶段。在以奈达为代表的结构主义时代，翻译研究主要局限于语言层面的“文本转换、译文与原文对等之类的内部研究”（孙会军，2005：5），重点关注的是语言的意义与形式，翻译的目标在于寻求“最切近的自然对等”，这种在目标语中寻求与源语等价的翻译观是以目标语为参照的，确立了目标语规范的中心地位，从而决定了以归化为主的翻译策略。

7.2.2 反对霸权，走向差异

在后结构主义阶段，翻译研究发生了巨大的变化。在文化研究的影响下，翻译研究被置于广阔的文化语境，出现了“文化转向”，翻译研究的范围扩大到影响和制约译者在翻译过程中进行抉择的政治、历史、文化等外部因素。从此，翻译研究被深深打上了文化、政治的烙印，关于翻译策略的争论有了更深的内涵，从语言的层面转向了文化、政治的层面。在翻译研究的文化视域下，译者对翻译策略的抉择不再是一种自觉的行为，而是由其在特定文化中所处的文化地位与状态所决定的，这一研究视角为异化翻译提供了滋生与发展的土壤。在人文中心主义时代，以自我为中心的文化观广泛存在于世界各个民族思想中，其结果是弱势文化所持有的语言和文化特征被归化的手法所抹杀，被淹没在强势文化的洪流之中，这种以自我为中心的思想使得归化式翻译策略占据了主导的地位。从文化的视域来看，这一翻译方法是“按照目标语言文化价值观对原文进行我族中心主义式的分解”（Venuti，1995：15），从本质上来说是一种文化殖民主义，它起到巩固目的语文化规范的作用。归化翻译所带来的文化殖民行为自然受到来自文化意识觉醒的民族的强烈抵制，从而使得它的对立面——异化翻译得以推崇。

文化普遍主义追求的是文化的同一性，在翻译中使用归化的策略就是要消除他文化中的差异性，用一种文化的价值体系吞没另一文化体系，推行的是自身的文化价值观，因此，从文化本质上说，归化翻译是普遍主义的思维。与之相反，文化多元论者提倡的是文化的平等与对话，主张保持各自文化的“异性”，在翻译中采取异化的翻译策略不是要消除和隐瞒源语文本语言和文化上的差异，而是在译文中展示他文化面目，将他文化保留和彰显，其目的在于反对文化上的自我欣赏和文化帝国主义，不让读者沉溺于自己的思维定势和偏见之中，从而“维护与他民族的地缘政治的关系，从而遏制文化霸权的肆虐，并阻止这些价值观对某一文化他者进行帝国主义的归化”（Venuti，1995：13）。在全球化语境下，异化的翻译策略保留了来自他文化中的新鲜元素，甚至可以达到相互学习、实现文化交流的目的。因此，异化翻译体现出来的是对源语文化中差异性与特殊性的尊重以及包容与接纳的文化态度，对实现多元文化的并存具有积极的意义。

异化翻译体现的文化思想并非在当代翻译研究中才出现，在我国翻译史上可以追溯到20世纪的二三十年代。在当时，处于半殖民地半封建社会的中国危机四伏，以鲁迅为代表的左翼学者想将中华民族从水深火热中解救出来，达到师夷长技以制夷的目的，他们以翻译为手段，以“拿来主义”的文化态度将西方国家文学、科技领域中有积极意义的文化译介到国内，将中国传统文化中缺少的求异性、斗争性等外向型文化因素输入进来。在翻译中，这一文化思想具体体现在对译文中保持“异国情调”的主张。由他们的翻译思想不难看出，对异域洋味的保留实际上默认对他文化中积极面的认同，不同民族文化各有千秋，体现的是一种文化平等的思想。在异化翻译策略的使用上，更为成熟的是移居美国后的林语堂先生。在长期殖民扩张中，西方资本主义暴露了它弱肉强食的本性，在文化观上也相应地流露出一种强烈的“西方中心论”的优越感，对东方文化他们则持歧视和丑化态度，东方世界被丑化和野蛮化，中国被弱化了，中国文化被排斥到世界历史的主流之外，被边缘化和“非中心”化。这种充满偏见的文化观的流行与泛滥，造成了西方文化和非西方文化间的不平等的关系。常年旅居海外的林语堂最能了解到这种文化上的不平等，在《京华烟云》（2005）的创作中，他采用了以异化手法为主的翻译策略，在西方强势文化读者面前展现出一幅真实的中国文化全景图，这是一种不卑不亢的文化态度，用一种温和的手段对文化帝国主义做出抗争，体现的是追求文化平等的文化相对主义思想，为打破中西文化的不平等贡献了自己的一份力量。

在全球化的时代，文化差异引来的冲突将依然是文化研究的焦点之一，只要国家、政党还存在，就会有不同的利益诉求，思想意识形态的斗争也将延续，但问题也并非完全不能解决，翻译就是一种桥梁。在翻译中，只要适当采取异化翻译的策略，保留他文化的异性，让彼此逐渐进行沟通，坚持文化相对主义所主张的文化平等与交流，而不再是以强食弱、对他文化进行强制性同化，这种文化冲突就可以被制止或压缩到最小的限度。随着时间的推移，东西两个世界的思想意识形态、文化价值将日益被彼此认识、理解，以至最终实现融合，这也正是全球各民族的共同向往的图景，我们期待这一景象的早日到来，也希望异化的翻译手段能为此发挥一些作用。

7.2.3 异化翻译个案分析

“两脚踏中西文化，一心评宇宙文章”的林语堂一生翻译了大量的作品，这些作品大多向西方世界阐释东方文明和中国文化，为中西文化搭建沟通的桥梁。作为一个中国人，他对中国的文化有着深刻而独特的理解，而从小就受到西方文化影响、多年旅居海外的特殊经历更使他深谙西方文化，因而他的作品一直被视为阐述东方文化的权威著述。他的作品中，有些是用英文撰写的，但从内容上看，有很大一部分是属于创作兼翻译。虽然文字形式是英语，但同其他英语作品有着很大的不同，其取材植根于中国文化，述说着中国古老的文化，属于地地道道的中国产物。林语堂的大部分英语作品，既反映了中国文化的内涵，又折射出西方的文化观念，他的第一部英文版小说《京华烟云》无论是在背景、小说的取材、内容、人物刻画上，还是在文化的选取上，都具有鲜明的中国特色，只不过是林语堂用“精纯娴熟的英语”写成而已。它紧扣中国社会文化，其中的诸多素材来源于中国文化，表达了中国文化中所独有的事件和意象。林语堂在描写中国文化的方方面面时，那些体现中国文化的词汇和场景，最初只可能以中文的形式闪过他的脑海，而在用英文进行创作之时，心中自然也有一幅中国式的图画。从此意义上说，如果在他的心中没有一个完整的中文版本，他就不可能写出如此优秀的作品。因此，在林语堂的写作中，很大一部分还是具有翻译的性质的，而这创作兼翻译的目的在于与西方进行文化的对话与交流。对他的这部作品，西方世界给予了高度评价，《时代》周刊称其“完全可能成为关于现代中国社会现实背景的经典小说”。《京华烟云》甚至因其高超的艺术造诣和非凡的文化修养而获得了诺贝尔文学奖的提名。从此，我们可以看出他对中国文化的传输是成功的，这部作品既是追求文化平等的典范，也是文化“杂合”的文学翻译写照。在翻译的过程中，林语堂在英文译文中包括了五个类别的文化意向。

（1）民族意识化符号。民族意识化符号包括产生这一文化的民族的一切观念形态方面的语言信息，其中有反映该民族的世界观、哲学观、道德观、价值观以及宗教信仰、宗法制度、典章文物、伦理观念、思维方式和思维特征的语言信息符号。下文以宗教信仰为例来进行具体分析。

林氏版《京华烟云》的文化传输中，有一个很大的特点即儒道互补、中西交融，基督教、佛教、道教的思想得到了体现。中国传统文化中的天道观认为，一切皆由天定，“天”指的是自然界的主宰，在人的心中占据了最高的位置，它是一种抽象的万能力量，在佛教里，体现为“老天保佑”的“天”，在道教里，体现为“道”。而西方文化建立在基督教信仰和宿命论世界观的基础上，认为“上帝是万物之主，崇尚天堂”，西方基督徒心中的万能是上帝。对于“天”的概念表述，林先生主要采取异化手段，在语言中植入东方文化，西方文化的读者也能接受。例如：

Nature play pranks with human beings.（P73）—— 造化弄人。（异化）

All things are determined from above.（P23）—— 一切皆由天定。（异化）

Old Father Heaven（P33）—— 老天爷。（异化）

The Blue Heaven is my witness, and I will not eat my own words.（P37）

——上苍为证，决不食言。（异化）

当然，不是全文都只用了异化手法，归化的例子也不少。例如：

"the Goddess of Mercy, her long title 'The Great Spirit of Great Kindness and Great Mercy, Saving the Afflicted and the Distressed'"（P90）—— 观世音菩萨。

观音是佛教里的佛，却用了基督教的神来取代。此处林语堂采用归化手法，同时配有阐释说明，以关照英语文化读者。

值得一提的是，林语堂还实现了归化与异化的完美结合。例如：Buddha will bless you.（P32）。它首先仿制基督教中西方读者非常熟悉的 God will bless you 句型，然后植入佛教的元素 Buddha。这样既尊重了西方文化，同时又传输了东方文化。

（2）民族声像化符号。语言音位系统和文字系统都属于民族声像化符号，声像化符号指的是以听觉和视觉为感应媒介的声、象、色描摹性词语、成语、谚语、俗语、歇后语、俚语等。且看下面俗语或成语的翻译中作者所采用的异化策略：

To look at her child eating makes the mother filled.（P41）

——吃在儿腹，饱在娘心

One Dragon and two tigers.（P6）——一龙二虎

The tree desires repose, but the wind will not stop; The son desires to serve, but his parents are already gone. ——树欲静而风不止，子欲养而亲不在

Children should have ears and no mouth.（P13）——大人说话，小孩别插嘴

wash the dust（P60）——接风洗尘

但也有归化手法，例如：

He believes that men contrive, but the gods decides.（P7）

——谋事在人，成事在天。

“The message expressed profuse thanks to Mr. Teseng for this great favor, never to be fully required if Mr. Yao became a dog or horse in the next incarnation to serve him.”（P57）在中文里，当要表示十分感谢时，国人喜欢用下辈子做牛做马来报答。此处却变成了做马做狗。因为在英语中，狗才被当作忠实的动物，而不像中文里，“一心甘做孺子牛”，牛被视作忠实的代表。

（3）民族社会化符号。民族社会化符号反映的是民族习俗与风情以及人际的、社会的、阶级的、群落的惯用称呼、服饰、体语、行为特征、活动形式、生活方式等。语言中的社会化符号极为丰富，包括很多方面，如惯用称呼、问候、服饰符号、风俗习惯、风土人情等。

林氏版《京华烟云》在称呼方面大量运用异化手法，在行文前就中国是怎样称呼的专门写了一页“Some Chinese Terms of Address”，这使得英语文化读者对中国的称呼有了一个初步的了解。当然，这些异化的翻译并不都是完美的，还是有不太理想的地方，如 Old Ancestor（P44）老祖宗在此表达的是一种尊敬的称呼或昵称，而在英语文化中是已故的祖先之意。因为有不可译性，在此暂不作讨论。

在问候方面，作者也采用了典型的异化手法，例如：

Tseng Laoyeh! Ten-thousand fortunes! I greet you!（P34）

——曾老爷，向您道万福！

此处作者没有用 Master Zeng, how do you do!来代替，而

You are early.（P12）——（早安！）

作者没有用 Good morning.来代替，保留了典型的中国文化特色。

在诸如冲喜、守节、守灵、办嫁妆、陪嫁、中医、中药、药膳等这些典型的中国社会生活习俗方面，作者也大量地运用了异化手法，有时配以解释性说明。例如：

Kaidiao, or receiving guests who came to pay respects to the deceased（P71）

——开吊

Cross the threshold（P77）——过门

Sweeping the grave at Qing Ming Festival（P113）——扫墓

Keeping the vigil, or guarding the soul（P71）——守灵

Tsunghsi, or confronting An evil by a happy event in short, having the wedding while the boy was ill（P81）——冲喜

Dragon and phoenix card（P263）——龙凤帖

（4）民族地域化符号。反映操某一语言的民族或群落的自然地理生态环境、气候条件与特征、山川、市镇称号等文化内涵的词语都属于该语言的民族地域化符号。例如“泰山北斗”就是典型的带有强烈色彩的地域化符号。在《京华烟云》里有大量的此类名词，例如：

Lungfusze Temple Fair（P34）——龙福寺庙会

Yelno’s Temple（P69）——阎罗殿

The West Lake（P402）——西湖

Shichahai（P406）——什刹海

Kunming Lake（P406）——昆明湖

这些都采用异化译法。

（5）民族物质化符号。语言中涉及物质经济生活、日常用品、生产或生活工具、科技文化及设施等承载文化内涵的词语都属于该语言的民族物质化符号。民族物质一般为本民族所特有，其符号也是特有的，其他文化背景下的语言中没有相应的符号，如“湘绣”“乌龙茶”等具有明显的汉族文化色彩。

林语堂先生在翻译此类词语时，在不影响语义的前提下，主要采用异化手法，有时配以详尽描述或者加注解释，再现中国独特文化。例如：粽子，中国人的传统食品，在外国人看来却是新鲜奇特的，林语堂充分考虑读者的感受，对粽子进行详尽描述，让外国人没有品尝也能想象到它的形象：

Tsungtse, these were solid triangles made of glutinous rice stuffed with ham and pork or black sugar and bean flour and wrapped in bamboo leaves and steamed（P137）——粽子

Kang, or earthen bed（P53）——炕

The chiafa, meaning “family discipline”（P54）——家法

在当时，此类译作对西方广大读者产生了很大影响，译者较好地实现了译文的预期功能，让更多的西方普通读者了解并接受中国文化。

从以上分析我们可以看出，林语堂在《京华烟云》的文化传输中大量地运用了异化手法，并结合归化翻译，对中国文化进行了详尽的阐述。他所采用的传输手段是当时社会大背景、他个人历程以及他的写作目的和动机造成的。

（1）宣传母语文化，打破不平等状态——世界文化大背景视角。西方资本主义在长期殖民主义扩张的过程中，极度丑化东方，在中国住过数年的西方人回国

后往往著书立说，描写中国的方方面面，但是在这些作品中他们对中国的描述严重地扭曲了中国及中国文化，中国经常被写成是欠缺理性、道德沦丧、幼稚不堪、荒诞无稽的世界。种种扭曲尽管偏离了事实，却顺应了西方对东方进行殖民扩张的需要，制造了西方优于东方的谎话，为西方对东方的侵害和征服提供了所谓的理性根据。

林语堂常年旅居海外的经历使他充分感受到这种文化上的不平等，于是他用圆熟地道的英文，开始客观地向西方人介绍母语文化，在西方文化读者面前展现出一幅真实的中国文化全景图，让一般的西方读者对中国文化有了全新的了解，从而架起一座横跨东西方文化的桥梁。在介绍中国文化时，站在中西文化汇合处的林语堂采用了以异化手法为主的翻译策略，以一种简易、平和、娓娓道来的叙述方式，面向英语读者，体现了在强势语境下中国人的平常心，以及宽容、博大、平静、遇事不惊的性格，因为在强势地位的英美语言环境里，异化翻译则可以抵御民族中心主义，反对文化中的自我欣赏，是反对帝国主义的一种形式。就这样，林语堂用他那颇具魔力的笔让西方人开始了解并着迷于中国文化，为打破中西文化的不平等贡献出了自己的一份力量。

（2）站于“世界文化”制高点下的林语堂——个人成长历程视角。作为一个文人，不管在怎样的条件之下，林语堂依然有着自己的文化理想。在对待中西文化的问题上，林语堂的思想经历了三个发展阶段，20 世纪 20 年代极力倡导西方文化，主张“全盘西化”；20 世纪 30 年代开始对中国文化进行重新审视，在批判的同时倡导中国传统文化中与他的中庸与近情人生观相符的部分，重在儒道互补；1936 年移居美国后，他对中西文化的态度发生了大幅度转变，站在世界文化的制高点，逐渐形成了集中文化观之大成的“中西融合”文化理论。在此阶段他认为文化是不分国界的，各国的文化理应平等对话，中西两种文化应该互惠互通、彼此融合、取长补短，因为它们都是文化系统中不可缺少的组成部分。他的中西融合论不仅要求中西文化通过借鉴来完善自己，更要求中西文化打破民族界限，以现代化的世界文化为最终目标。

而在当时世界大文化背景里，西方文化处于中心，东方文化处于边缘，东西文化之间在不平等的条件下，谈不上文化的融合。在这个时期完成的《京华烟云》中，林语堂将自己的文化理想融入自己的创作之中，试图凭借自己的努力来实现个人的文化理想，所以在进行文化传输时，以独特的视角展示中国的文化时他采用的是以异化手法为主、归化手法为辅的策略。

（3）爱国之情溢于言表——写作的目的和动机视角。正如林语堂女儿林如斯所言，“现代中国人对西方文化的了解，远远超过西方人对中国文化的了解。几十本关系中国的书，不如一本地道中国书来得有效。关于中国的书犹如从门外伸头探入中国社会，而描写中国的书犹如请你进去……”（林语堂，2005：9），在实际上的贡献，是介绍了中国社会与西洋人。林语堂写《京华烟云》的目的在于向不了解中国而鄙视中国的外国人展示真正的中国社会和文化，因此字里行间都渗透着他对本土文化的钟情以及对祖国深深的热爱。当时的外国人对中国文化的陌生实在到了让人震惊的程度，甚至有人断言是从庞德的作品中发现了中国，而对中国的印象也莫过于小脚、辫子之类的国丑。此种社会状态下，强烈的爱国之情激荡在林语堂的心头，这使得林语堂决心向世界传播中国文化。

而且，该作品撰写于抗日战争初期，林语堂能从中国文化这一视角出发，认识到妥协退让的危险性和一个民族不能容忍外敌侵略的自尊，看到了民族精神的凝聚、民族意识的形成和民族力量的团结，并在他的作品中得以体现，表达了林语堂在国难当头之时对祖国的赤子之心。正如他在前言写道：“To the brave soldiers of China who are laying down their lives that our children and grandchildren shall be free men and women. This volume written between August 1938 and August 1939 is humbly dedicated.” 这种爱国主义情怀通过一种简易、平和的方式，再现中国人的柴米油盐，体现了在强势语境下中国人的平常心。

“It is merely a story of how men and women in the contemporary era grow up and learn to live one another, how they love and hate and quarrel and forgive and suffer and enjoy, how certain habits of living and ways of thinking are formed, and how, above all, they adjust themselves to the circumstances in the earthly life where men sortie but the gods rule.”

在文化战场上的爱国之情也决定了他传输中国特色文化时以异化翻译策略为主，以求真实再现，根据特定情境辅以归化翻译以帮助缺乏背景知识的读者理解深层文化。

林语堂在《京华烟云》的文化传输中以异化手法为主、归化手法为辅的翻译策略并不是任意的，它体现了林语堂的文化本位心理和读者关照心理，暗含的是他对祖国的深深热爱之情。对本土文化的钟情以及对祖国的深深热爱，使得他在文化传输时运用异化手法，因深谙中西两种文化并能熟练驾驭中英两种文字，他便用典雅漂亮的英语和深厚的中文功底弘扬本土文化，加强中西交融，实行平等对话，又因关照译语文化读者需要和常年在海外的旅居生活，在必要时以归化手法为辅。

总之，异化和归化方法在翻译中并非各自单一运行，而是相互结合，相辅相成，以达到满意的翻译效果。进行以异化翻译为主的文化传输策略，体现了林语堂先生的拳拳爱国之情，而采用以归化手法为辅的翻译策略，一是体现他常年旅居海外在文化观上已经中西融合的特点，另外也是为了让英语文化读者更好地接受该作品。

7.3 译者伦理的价值取向

7.3.1 价值无涉的设想

从学术研究的视角，学者们都渴望一种“价值无涉”的翻译理论，翻译的伦理研究也同样如此。20 世纪兴起的描写翻译研究、功能主义翻译研究都试图抛开价值判断，避免形成对译者的规定性话语。但是，翻译研究归根到底都涉及的是翻译活动中的人，不论是译者还是翻译研究者都不可避免的是在特定视角下进行解读或选择，也无法回避翻译中译什么、为谁译、为什么要如此译等问题，也就是必然要牵扯翻译活动中涉及的种种复杂权力关系。在 20 世纪 90 年代以来的翻译研究的文化思潮中，翻译过程的外部制约因素得以被广泛关注，翻译行为背后隐含的价值关涉、伦理问题被挖掘出来，传统翻译研究中求同伦理消解在后现代解构主义的思潮中，从贝尔曼、韦努蒂以及后殖民主义、女性主义的理论诉求到追求译者不夹杂个人主观立场的职业伦理的探索，尽管研究者本人的出发点或意愿不涉及价值判断，但这并不意味着实际结果真的能够做到价值无涉。正如皮姆（Pym，2011：79）指出的“描写行为不可能‘价值无涉’”并建议“描写行为，但不要假装能够做到中立或毫无偏见”。

切斯特曼的五种翻译伦理模式是目前为止比较广为接受或应用的伦理研究成果，从译者的价值取向角度而言，要做到面面俱到是非常难的。首先，译者是翻译职业的一个个体，无论是为了行业地位或者为了生存目的，他们都有成为一名优秀译员的梦想，为了达到这个目标，他们会努力精通源语和译入语的语言转换规律及文化规范，并遵守行业的道德规范和伦理准则，如果做不到这起码的两点，他们则无法在该行业中立足。可是，面对多元的伦理标准，他们究竟选择哪一种标准，才能译出优秀的译文呢？多元的伦理标准往往又是互相对立的，选择一种往往代表着对另外一种的让步，这似乎是一个令人困惑的选择。近代翻译家林纾在他的译本中，采用中国传统的文言文形式，语言优美，深受当时读者的欢迎，却又因大量的“删节”“增补”“误读”而备受当代学者的指责，他在翻译莎士比亚的《李尔王》时，把多处的“自然”都翻译成“孝”，体现了林纾本人的儒家封建道德思想，其翻译的《李尔王》自然也受到了长期受儒家思想影响的读者的热烈欢迎。从翻译伦理的角度来看，他在一定程度上违背了再现原则，即违反了文学翻译必须尽量忠实于原作和原作者意图的原则，却符合了规范伦理、交际伦理和服务伦理。第一，他迎合了清朝末年中国读者以“雅”为美的表达习惯和重视“孝”道的伦理思想；第二，正是因为有了大量的读者，他的译本给他的赞助人商务印书馆带来了巨大的经济效益和商业利润，商务印书馆为他出版的单行本著译多达 140 余种，其中还为他出版了两辑《林译小说丛书》。

从这个角度来看，多元的翻译伦理标准尽管是对立的，但是不矛盾。无可否认，译者的翻译行为都不可能是凭空创造的，其基本立足点都是原作，但是，翻译过程牵涉原作、原作者、译者、读者及赞助人等翻译主体，译者不可能只考虑原作和原作者的感受而不兼顾其他，同时，翻译是跨文化交际的社会行为，译者作为这种行为的主体，其翻译活动必定受到一定价值观念体系的约束和制约，这种价值观必定会受到他所生活、学习的时代背景的影响。每一个人对于“什么是最优秀的译本？”会有不同的答案，有的会最忠实地体现原文的意图，有人会最大化地迎合读者的期待，还有人可能最忠诚地体现委托人的想法或者其他，不同时期的译者会根据自己的翻译目的、文本类型、译者的服务对象、源语文化伦理传统及译者个人的文化取向而做出不同的选择。译者在翻译活动中面面俱到，既要考虑到再现伦理，又要体现“服务伦理”“交际伦理”“规范伦理”“职业承诺伦理”是不可能的，他们只能选择以某一种或几种翻译伦理作为当次翻译活动的重点，并采取适当的翻译策略和方法。即使是对同一个作品，不同的人进行翻译也会采用不同的标准，如对《红楼梦》的翻译，霍克斯针对英语读者采用归化策略，体现规范伦理，而杨宪益夫妇则采用异化策略，尽可能把中国文化介绍给英美读者，体现再现伦理。

7.3.2 译者的价值抉择

译者在翻译活动中，一直会面临很多矛盾，其中以“质”和“量”的矛盾最为突出，为了处理好这些矛盾，译者要顺着德里达所称的“责任的护栏”摸爬滚打，即遵循一些语言规范、翻译策略和修辞手法，如果背离了这种方向，译者可能就要走进危险的境地①。追求“高质量”的文本是所有译者毕生的追求，可是“高质量”本身的解读是多维度的，可以理解为“再现原文程度高”“译入语读者满足程度高”“赞助人满意度高”等，在多元化伦理的年代，译者面临翻译伦理的多种选择，是选择再现伦理体现对原文的“忠实”、选择交际伦理以体现“理解”、选择规范伦理以体现“信任”、选择服务伦理以体现“忠诚”或者不局限于翻译类型和文本，选择自己的职业理想，这些都是令译者极其头痛的问题。不同的伦理模式分别强调不同的伦理价值，当价值（或忠诚）相互冲突时什么样的行为才是真正符合伦理的，没有一种模式对此予以清晰的回答。我们何时选择何种模式是合适的？各种翻译伦理都有其片面性和局限性，其应用往往带有一定的先决条件，在现实翻译活动中，译者很难做到同时遵守这五种伦理模式，从众多选择中找到契合点和平衡点，是一个适宜的策略，也是解决

---

① 金兵．论德里达的“确当的翻译”[J]．解放军外国语学院学报，2006（2）：75-79.

争议的一个有效办法。

首先，再现伦理是各种伦理之本，译者应最大化地体现对原文和原作者的忠实，不管翻译伦理标准如何变化，“忠实”永远是翻译之“根本”，具有本体论的意义，把握好了这点，译者就把握好了一个最基本的职业伦理标准。解构大师德里达也认为进行“确当的翻译”，即“一种履行了其职责、为自己的受益而增光、完成了自己的任务或义务的译文，同时也在接受语中为原文写下最确当的对等词，所使用的语言是最正确的、最贴切的、最中肯的、最恰到好处的、最适宜的、最直截了当的、最无歧义的、最地道的……”（Derrida，2001：177）。德里达解构了忠实，却又提出了“确当的对等”，可见即使是在解构风行的今天，忠实的准则并没有被抛弃，仍然要保持原作的再现伦理。但是，“忠实”并不是百分之百地“服从”，如果原文本身有值得商榷的地方，译者也不一定要“愚忠”。纽马克提出：如果源语文本本身存在缺陷，对于信息错误，译者应该本着译者的职业道德精神予以纠正……对于历史文本或权威论断，则应在文本的前言添加注解；如果是在文本之内，则应该用英文的方式标明，说明这不是译者的错译（Newmark，2003：58）。译者作为原文本的操作者，首先就有对原文仔细研读的义务，如果原文本身有一定的问题，可以本着对读者和赞助人负责的态度，发挥其主体性，对“忠实”的再现原则进行一定程度的背离或者补充，让读者读到正确的译文，也让赞助人满意。

其次，要根据译者当时的各种因素诸如社会环境和时代背景，在多元的伦理关系中找到平衡点。翻译活动首先要考虑到“再现伦理”，译者的任何译事行为都应该在忠实性再现伦理的宏观构架下，原文本内容是翻译之根本，但也不能无视其他因素的存在，毕竟一个译作从出世到盛行，其生命力的长短会受到诸多因素（如社会意识形态、时代背景、价值取向、读者口味、大众喜好以及译者个人审美等）的影响。为了艺术而艺术的译作是不会长期存在的，更何况，艺术何以为艺术，其本身就有不同的解读。安德鲁·切斯特曼的伦理框架犹如一张无形的大网，互相规范、制约、平衡着译者的活动，使译者在翻译的过程中必须综合文本性质、翻译目的、社会文化规范、读者对象以及职业道德的因素，来决定自己的取舍、策略和方法。简而言之，在翻译实践中译者要综合各种因素以寻求平衡与和谐。例如：为了达到广告翻译促销之目的，译者的翻译行为必须要迎合消费者的口味，香水商标词 *Poison* 的翻译，在 20 世纪 80 年代为“百爱神”，在现在为“毒药”，“百爱神”迎合了当时思想比较保守的传统但又想追求时尚的女性的要求，而“毒药”迎合了个性张扬和标新立异的当代新女性的要求，也更加符合翻译发起人商家的意愿；影名 *THE GHOST* 翻译成了《人鬼情未了》，而没有翻译成《幽灵记》，译名《人鬼情未了》既符合电影情节，又符合中国人人鬼之间存在爱情的美好向往，而《幽灵记》往往会让人误会成一部恐怖片。这些例子都体现了再现伦理与规范伦理和服务伦理的完美协调。

7.4 伦理的困惑

7.4.1 翻译伦理再析

近二三十年来，翻译伦理研究引起了翻译理论界的极大兴趣和关注。然而，由于伦理问题涉及的内容和范围实在太广，在西方或中国、在不同的流派学者之间，当人们研究或谈论翻译伦理问题时，对翻译中的伦理这一理论术语有着不同的理解和界定，甚至存在很大的差异，导致翻译伦理研究的范围、内容及方法也不一致，这是非常不利于翻译伦理研究的深入与发展的。王大智（2009）认为，

“在国内，由于学者们对‘翻译伦理’这一术语的理解存在很大分歧，这就使得人们往往从各自不同的翻译伦理观念出发，去阐释外国的翻译伦理思想、谈论有关的翻译伦理问题”。在研究翻译伦理问题时，“伦理”很容易与中国传统伦理思想中的“三纲五常”“三从四德”联系起来，甚至将“翻译伦理”概念替换为翻译的“忠实”概念，“翻译伦理”就与“信”和“忠实”画了等号。当翻译的忠实被不恰当地同时也不可避免地与伦理的忠实相联系时，概念的偷换必然会引起概念的混乱。在对西方翻译伦理思想进行译介与评价的过程中，人们发现“外国的翻译伦理思想不但不能为我们提供解决问题的答案，反倒带来了一大堆亟待我们思考和解决的伦理问题”（刘亚猛，2005）。对此，王东风（2004）将这一现象称为“伦理的幽灵”并进行了批判，提出“需要彻底解构”的忠实。笔者以为，“忠实”作为翻译领域语言层面研究的概念，只是一个翻译的基本原则，并没有什么不妥。在伦理的层面，“伦理”指人际关系的规律与规范，不论在古代还是当代，“忠实”作为一种伦理思想或道德准则都无可厚非，在道德规范中，忠实甚至还是一种美德，一个公民理应忠于他的国家，一名公司员工应该忠于他的公司，一名教师应该忠于他的教育事业。在翻译研究中，语言层面的忠实与伦理层面的“忠实”在本质上有着很大的区别，更不应将此混为一谈。

国内最早提出“翻译伦理”概念的吕俊将“伦理”界定为“人际关系中的道德规范”，翻译伦理学则是“跨文化交往活动中的道德规范”（吕俊、侯向群，2006：271），这样的解释有些过于简单，没有详细的论述还容易造成概念的不准确而导致混乱，而且，伦理问题也绝不仅限于文化交往的层面。申迎丽、仝亚辉（2005）援引《辞海》释义条目把“伦理”解释为“处理人们相互关系所应遵循的道德和准则”，这样的概念过于宽泛，对翻译伦理研究的实际指导价值不大。也有著述认为“伦理是人与人交往中应遵循的道德规范和行为准则”（刘卫东，2008：95），这样与就“道德”和“（伦理）规范”一起使用，两者混在一起没有加以区别，大都被当成同义词使用，而朱志瑜（2009：5-7）认为两者是有区别的，“一种规范的形成或建立，可能有各种原因，未必出于道德上的动机”，提出“伦理学本身就是关于价值的研究”的观点，对于翻译伦理的“价值”界定是更深层次的“伦理”或“道德”问题。笔者也认同，“翻译伦理”不等于“翻译规范”，伦理的研究离不开“价值”，更是一种对德性的追求。从人类发展史来看，随着社会的发展，人与人之间的关系由于各种社会交往日益繁杂且各种新的利益和矛盾冲突不断增加，为了适应人类自身发展、维持正常的社会秩序的需要，规范人类行为、协调人与人之间关系的伦理思想产生了。

人类伦理学以满足全人类的生存和发展需要为目标，而翻译伦理学则以实现翻译事业的正常、健康发展为目标。在理想状态下，合乎规范的伦理前提是人与人之间的平等关系，离开了这一前提来谈伦理就失去了意义，这也是学者们所渴望的理想主义的终极道德标准。人类群体间的交往活动在通过翻译这一手段来实现时使得翻译活动具有了目的性，因此，翻译是一项能够产生利害关系的人类行为，是一种伦理行为，翻译的目的性决定了翻译的伦理属性。然而，不同的社会制度、不同的价值体系、不同的译者使得翻译实践具有不同的目的，翻译实践活动必然会产生不同的翻译结果。然而，这一目的性是服务于某一群体的，由于不同的国家制度和文化传统具有不同的道德观、价值观，正义和民主在此地意味着一种东西，在彼地则意味着完全不同的另一种东西，在一定范围内可能是道德的，也可能是不道德的，国际舞台上的某一行动，可能被某一集团谴责为不道德的和不公平的，却被另一集团赞扬为道德的和公平的，对于某一确定利益集团是道德的，站在另一集团的角度来衡量可能就是不道德的，也不存在一个世界伦理法庭来对此进行审判。没有基本的伦理原则会导致翻译秩序紊乱，但伦理原则不可能彻底解决翻译引发的伦理问题。因此，“翻译伦理”是翻译行为事实的规范问题，涉及翻译行为、翻译行为的主体两个层面，既要进行翻译行为的规范性研究，也要对翻译现象进行描述性研究。“翻译伦理”概念及其指涉内容的模糊性导致研究中的论争，非常不利于我国翻译伦理研究的发展。为此，陈大亮[①]提出了伦理指涉范围的框架，总结了面向翻译行为与翻译行为主体、翻译规范与翻译行为事实的规范与规律。首先，针对翻译行为主体的翻译伦理可称为“译者道德”，翻译伦理研究与译者道德研究的关系是整体与部分的关系，而且，译者是因为他实施了具体的翻译行为，译者道德的研究必须结合具体的翻译行为、结合针对翻译行为的翻译伦理研究而展开。其次，作者认为，由于伦理是规范与规律的统一，不仅翻译行为应该如何规范，而且翻译行为事实该如何规范都应该属于翻译伦理范畴。人的伦理属性、语言及文化的伦理性和不可同一性、翻译目的的伦理性、两种文化强弱势地位以及译者主体性的客观存在证明了伦理性是翻译的本质属性。当翻译行为发生时，翻译使不同的语言之间发生了关系，但是由于语言是文化、伦理思想以及人的意志的载体，具有伦理目的性的翻译行为事实上引发了不同文化、不同语言、不同伦理思想间的接触、交锋、碰撞，甚至融合。只要有翻译行为发生，译者的任务就是协调相关的两种文化、两种语言、各翻译主体之间以及隐藏在它们背后的具有高度历史性、社会性及实践性的不同伦理关系，让它们在分化、组合、变异中构筑新的关系网络，从而完成翻译的任务，因此事实存在的翻译行为是各种不同的人伦关系在翻译中交锋、碰撞、融合的产物。

① 陈大亮在《翻译伦理概念试析》（2009）一文中指出：由于作为翻译行为主体的译者是各种翻译关系的直接建构者，翻译行为首先或者主要是译者的行为，针对翻译行为的翻译伦理研究不可能将译者道德研究排除在外，译者道德研究就成了翻译伦理研究的重要组成部分。而且，由于脱离具体的翻译行为空谈抽象的译者道德无法为翻译实践活动提供切实可行的理论指导，还可能对译者的翻译实践造成一定的干扰。因此，译者道德研究必须以翻译行为的翻译伦理研究为基础和参照。

从陈大亮先生的论述可以看出，伦理概念本身具有广泛性，只要有人存在或者只要有人的交往，就存在伦理关系。正是因为这一特殊性，使得翻译的伦理属性非常复杂，在翻译概念层面，不同专家学者有不同的理解和阐释，伦理具体指涉的范围与内容也大不相同，从目前的翻译伦理研究来考察，有文化关系的伦理、伦理与政治的关联、译者的职业伦理、译者的个人伦理各个层面和领域的研究，在翻译实践中，又涉及翻译文本的选择、翻译策略的使用、翻译结果产生的伦理影响，如此一来，翻译伦理形成了一个巨大的伦理关系网络。面对这样一个庞大的系统，无论是翻译研究者还是翻译实践者都会感觉到无所适从。也有研究者提出构建翻译伦理学，但是，对于翻译伦理学研究的整体框架、研究的内容与研究方法等，目前远没有达成共识。研究者们意识到也同意翻译的伦理研究很重要和非常有意义，但在怎么研究、达到什么样的结果方面，还有很长的路要走。在西方翻译界，翻译伦理研究在20世纪末开始出现，但21世纪的相关研究似乎并未取得更大的突破和进展，韦努蒂、皮姆等学者曾出版专著论述翻译伦理问题，近些年来却未有新的有关伦理问题的重要著作，切斯特曼在2001年的《圣哲罗姆誓言倡议》之后再未有直接研究翻译伦理的新作，英国学者莫伊拉·英格莱利[①]也曾进行翻译伦理研究，但针对什么是翻译的“伦理”、翻译研究的“伦理途径”还“没有达成任何清晰的理解或共识”。

7.4.2 译者的伦理困惑

当今译界对翻译伦理的研究各自的理论视角、途径与方法各不相同，但有一个共同点就是对译者主体性的反思。在语文学研究阶段，尽管译者的地位是比较

---

① Mona Baker, Gabriela Saldanha. Routledge Encyclopedia of Translation Studies (2nd Ed)[J]. Reference Reviews, 2009a: 100.

卑微的，但从整体上来看，译者在翻译选材、翻译方式等方面体现出较为明显的自主意识，译者主体性在整体上并未受到过多压制；翻译研究的语言学范式关注的焦点在于语言形式与文本结构，追求研究的科学化与形式化，翻译规范在一定程度上遮蔽了对译者主体性的关注；翻译研究的文化转向后，翻译的文化属性和文化功能得以张扬，“翻译成为权力交锋与身份宣示的场所，成为译者表达文化诉求、争取话语权力、重塑文化身份的工具”[①]，译者的角色及作用也因此获得了前所未有的关注。在某种程度上，翻译伦理问题尤其是译者伦理问题的提出也是对译者主体性过度张扬的矫正，重新认识和评价译者的地位是必要的。由于伦理是关乎人以及各种关系的科学，在翻译研究中，我们可以对翻译文本本身及其产生的影响进行评价，但不可能对其进行道德的审判，而要对翻译过程所涉及的以译者为中心的一系列主体行为做出评价或进行翻译批评。

从伦理的角度而言，与从事其他职业的人员一样，译者在翻译实践中理应履行一定的责任和义务，但问题是，不同的伦理视角和出发点导致了伦理问题的混乱：贝尔曼和韦努蒂将译者视为他者的代言人，译者承担着反文化霸权和文化侵略的责任，但我们不可能期待着译者完全处于中立的地位，如果他处的立场是舆论中“文化侵略者”的一方呢？即使从翻译伦理规范的理论角度而言，译者的伦理责任是正确的，但在翻译实践中是不现实的。不仅如此，其他的相关伦理叙述也会让译者无所适从，斯皮瓦克认为，译者是第三世界文化价值的维护者，皮姆认为译者是两种文化进行交流的协调者，莫娜·贝克从伦理与政治之间的关联的角度出发认为译者是一位政治参与者，西蒙从女性主义的角度出发将译者视为女性声音的释放者，如此种种。也许从各自的研究视角出发，对译者的各种伦理定位都有一定的道理，问题是，面对如此纷繁复杂的伦理角色，译者到底应该遵守

① 朱献珑．译学范式转换视域下的译者主体性研究[D]．长沙：中南大学，2011：105．

哪一种伦理规范？该听谁的？

正如上文提到的译者的伦理问题与译者主体性发挥有着必然的联系，在以康德为代表的理性主义时代，主体的自主性把人从自然必然性领域提升到伦理道德领域，而在后现代主义时代，福柯、拉康、德里达等哲学家对主体性、普遍主义进行攻击，美国哲学家弗莱德·多尔迈的《主体性的黄昏》一书宣布了主体性的衰落，当代主体性哲学研究也不得不面对现实生活中主体身份的复杂性、杂合性和碎片性。在后现代的翻译理论中，一个绝对的、普适的译者主体不复存在，不同的时间、地域、社会历史背景等决定了不同的译者，译者再也不能指望任何一种伦理原则会为自己解决所有问题。根据齐格蒙特·鲍曼（Zygmunt Bauman）的观点，“后现代时代的来临，意味着伦理时代的终结和道德时代的回归”[①]，“与其说是翻译伦理的回归，毋宁说是翻译道德的回归”，而翻译的道德，本质上是关于译者的道德问题。在翻译伦理研究中，存在伦理与道德的概念还没有完全厘清的问题。

近代伦理学对主体性极力弘扬，主体性概念在伦理学领域取得巨大成功，在理论上实现了启蒙运动对外在权威的否定。然而，如果道德是主体性的，则道德行为变成个人的阐释，这使得道德转变成了一种没有客观依据的主观选择，陷入了道德多元论和道德相对主义的困境，也就是说，以人为主体的道德论证缺乏普遍客观的标准来明辨善与恶，解决道德主体性和普遍性之间的困境成为现代道德哲学家面临的严峻挑战。在翻译伦理中，译者主体性的崛起使得译者的自我意识成为谈论翻译道德的前提，也就意味着道德意识背后是一个清楚自己行为和后果的道德主体——译者，切斯特曼提出的职业伦理也强调译者的自我意识。这样一来，切斯特曼的职业伦理模式只是把伦理的问题转交给了译者，并没有真正帮助

① 王岫庐．再谈翻译伦理[J]．上海翻译，2016（5）：16．

译者走出责任选择的困境。针对译者的责任，孙致礼[①]归纳出五项：再现原作、完成委托人的要求、符合目的语社会文化的规范、满足目的语读者的需求和恪守职业道德。译者在翻译的过程中，需要综合文本性质、翻译目的、社会文化规范、读者对象以及职业道德等因素并在各种制约因素中寻求平衡与和谐。但译者在翻译实践中究竟应如何寻求平衡呢？

翻译的伦理在突破规范伦理之后，最终又回到了传统的德性伦理。为了解决这一困境，西方哲学家们也在追寻普遍性伦理的道德准则，康德提出了“善的意志”并将其作为道德的内在源泉与基础，检验行为是否出于“善的意志”的道德判断标准是普遍必然性的道德法则，他指出了三条道德令，“要这样行动，就好像你的行为的准则应当通过你的意志成为普遍的自然法则似的”“你要如此行动，即无论是你的人格中的人性还是其他任何一个人格中的人性，你在任何时候都同时当作目的，绝不仅仅当作手段来使用”“意志能够通过其准则同时把自己视为普遍立法者”。至于这些道德令对翻译实践的指导意义，目前的研究还非常有限，有待深入探索。

在我国翻译界，也有不少学者从道德的角度来探讨译者的德性伦理。“无论是责任的价值排序还是责任相关各方的利益选择都是由责任主体做出的，因而译者的自明判断取决于其德性。但是，译者的德性选择同时也与译者所处的状况有关”（陈志杰、吕俊，2011：64）。切斯特曼认为，有德性的译者似乎能够听从发自内心的绝对命令，无视任何的外在社会历史情境，做出符合伦理要求的自明判断，并采取相应的行动。“译者的德性选择是以其自由状态为前提的。如果译者的行动不是其自由意志的体现，也就难以要求译者对其行动负责。但是，译者的主体自由并不意味着他可以在创造性叛逆的旗号下任意妄为，以利益为诱饵把翻译所涉

① 孙致礼．译者的职责[J]．中国翻译，2007（4）：14-18．

各方都玩弄于股掌之间”（陈志杰、吕俊，2011：65），他认为译者只能在自然和社会提供的条件下选择，且其选择的行动方案必须符合翻译实践的规律，“译者的责任虽然建立在其自明判断的基础上，但不能因此否认译者在面对相关各方的利益要求时有必要与他们进行沟通，尤其是有必要对利益受损一方做出解释和说明”。需要指出的是，译者的“自由状态”是很难实现的，而且，当各方利益产生矛盾之时，该作何选择，这也是译者面临的难题。德性的伦理从理论上来说是可能的，但在译者的道德实践中，面临的矛盾与冲突也是显而易见的。

7.5　译者的伦理底线

7.5.1　译者伦理底线的内涵

面对当前翻译伦理研究中各种眼花缭乱的伦理规范，译者不知该何去何从，即便是切斯特曼提出的五种伦理规范，其内部之间也充满了矛盾和冲突，译者也面临着艰难的抉择，满足了一方的利益同时却又可能侵犯了另一方的权益。不仅如此，当中西翻译界共同致力于翻译的伦理规范与准则时，我们也面临着一个困境：由于伦理必然涉及关于价值、正义、美德等的一系列的问题，而这些问题在东西世界之间、各民族之间都存在很大的差异，如果试图对全世界的译者进行一个广泛、全面的伦理规范，其难度可想而知。那么，在此之前，我们还是可以发现或构建一个最根本的伦理下限的规范，也就是译者的伦理底线。

不管是国内还是国外，对于伦理底线的探索都已经开始。1951 年，德国哲学家阿尔多诺的《最低限度的道德》一书开启了西方探讨底线伦理的先河。1997 年，中国伦理学研究领域的何怀宏教授在《读书》上发表 《一种普遍主义的底线伦理学》一文，首次正式提出“底线伦理”这一概念。何怀宏提出的“底线伦理”[①]，其含义是指人们应该共同遵守的最起码、最基本、最低限度的道德行为规范和伦理观念。1993 年，世界宗教议会在美国召开，通过并发布了《走向全球伦理宣言》[②]，提出了全球伦理的概念，指的是“一些有约束的价值观，一些不可取消的标准和人格态度的共识”。底线伦理具有普适性和大众性，作为社会的成员，无论他的地位、权力如何，都必须遵守，底线伦理还具有最低限度的特点，它是社会个体在各项社会交往活动中必须遵从的社会道德的底线，它是人类道德的最底下限和最后一道屏障。何怀宏认为“全球伦理是一种最大限度的底线伦理，而底线伦理也具有全球伦理的普遍性意义”，“底线伦理是全球伦理的基础和思想资源”。在全球化背景下，学术界期待在全球范围内寻求一种伦理共识，这也是一种人类社会的道德底线，对哲学界、伦理学界、宗教界、文化界以及其他人文学科各个领域都具有非常重要的意义。

当前，翻译领域存在严重的翻译伦理危机：传统的忠实标准被解构，后现代翻译理论研究中一系列的翻译伦理悖逆以及无限扩大的创造性叛逆观念，为了物质利益、政治利益等各种原因而违背良心、道德的胡译、乱译，如此等等。在这一背景下，伦理的底线思维具有重要的启示性意义。

那么，何为译者的底线伦理？简单地说，译者的底线伦理就是作为一名译者在翻译活动全过程中都必须遵守的最起码的道德行为规范。从中西方两千多年的翻译历史来看，“忠实”就是译者的底线伦理，“译者必须始终牢记，忠实翻译才

---

① 邓红莲. 底线伦理研究概述及其未来发展[J]. 衡阳师范学院学报（社会科学），2020，41（2）：56-61.

② 底线伦理涉及伦理的普适性问题，人们所说的“全球伦理”“普世伦理”“普遍伦理”或“世界伦理”，目前学术界在两者的关系上存在一定的分歧。本书认为，全球伦理在很大程度上包含了底线伦理的概念内容。

是译者追求的根本，也是译者坚守的底线，这不仅是翻译本质的要求，同时也是译者伦理的要求”[①]。中西方翻译史上对翻译原则与标准的讨论几乎都落在了“忠实”上[②]：翻译家林语堂认为“忠实标准是译者第一的责任”，茅盾指出“对于一般翻译的最低限度的要求，至少应该是明白畅达的译文，忠实地传达原作的内容”，世界各国翻译工作者协会的章程中，忠实也被规定为译者最主要的职责和义务，国际译联的《翻译工作者章程》第一部分第四条规定：“译文必须忠实于原文，必须准确传达原文的思想与形式，这是翻译工作者应尽的道德责任与法律义务。”

当然，“忠实”作为伦理的底线，在翻译实践中存在一些不可避免的矛盾，正如本章第一节中所指出的在忠于原文原作者的同时，“还要考虑到译本的受众——读者的感受，或者关注到客户、委托人的利益以及自己个人和职业伦理操守，译者在这些复杂的人际关系网中不停地调停、周旋，找到一个最佳点”，即使翻译委托人已经确定了文本、翻译策略，甚至还可能会对译文有一些原则性甚至具体要求，一旦委托人或者其他任何一方的要求超出了翻译的伦理规范或译者的道德“底线”，两者之间的矛盾不可调和之时，译者必须坚守最后的底线，可以直接拒绝翻译。虽然译者担当的是桥梁的作用，却不是卑微低下、依附于他人的角色，也不能妄自菲薄，在翻译中不能放弃原则和立场，翻译的过程就是得与失的量度，过与不足的平衡。如果为了追名逐利或者物质利益，一味迎合出版商，什么赚钱译什么、什么畅销译什么，全然不顾译文是否忠实、是否准确，全然不顾译作的社会效益和教育意义，甚至随意发挥进行伪译，那就是完全丢弃了译者的道德底线，也出卖了自己的灵魂与人格，这是应该受到强烈抵制与斥责的。

---

① 高查清．论译者忠实观教育与翻译人才培养[D]．武汉：华中师范大学，2017：79.

② 骆贤凤．后现代语境下的译者伦理研究[D]．长沙：湖南师范大学，2012：188-189.

7.5.2 坚守底线的伦理原则

为了坚守“忠于”原文和原作者的伦理底线，在翻译实践中是否存在一些根本的原则呢？虽然不同的学者持有的观点各不相同，但笔者认为，在人与人的交际关系中，即使是在不同民族的交往关系中，一个最为核心的原则就是对“他者”的尊重，这也是保持健康交往的核心要义。2003 年，我国著名伦理学家许启贤专门撰写了《尊重：全球的底线伦理原则》[①]。在当今全球化时代，各国之间的政治、经济、文化交流不断加强，经济全球化日益加深，那么，在每个民族的历史、文化、道德、宗教信仰以及语言不同的情况下，如何确保各个国家、各个民族理性交往、和平相处、共同发展？这需要形成一些国际社会普遍认同的价值观念，人们开始寻求一种普世伦理，寻求人类社会共同的道德规范。虽然要想达到世界各民族人民之间的一种道德共识不是一件容易的事情，但多年来的实践表明，作为现代社会的道德伦理共识，“尊重”已然成为了维系、调节人与人之间、文化与文化之间以及国家与国家之间关系的最低限度的底线伦理。即使彼此之间在价值、文化、身份、地位等各方面有很大的差异，只要坚守了尊重他人的原则，就有了交流、理解的可能。英国法学家米尔恩主张把“‘尊重’道德原则作为最低限度的普遍道德权利的人权”以及“整个共同体的道德原则”[②]，在许启贤（2003）看来，尊重包括尊重自己、尊重他人、尊重社会、尊重自然、尊重知识这五个道德维度，这对于解决经济全球化引发的伦理道德问题具有重要的意义。

“尊重”只是一个普遍性的基本原则，在每一个领域都有其特定的所要尊重

---

① 参见云南民族学院学报（哲学社会科学版），2003 年 3 月。该文章指出尊重是人类最起码的道德共识，是全球的底线伦理原则。

② 赵中建．教育的使命[M]．北京：教育科学出版社，1994：162．

的对象，当我们讨论翻译伦理、译者的伦理道德时，“尊重”同样适用于译者所要遵守的基本伦理原则。作为一种伦理关系，尊重是从“自我”与“他者”之间的关系来说的，在翻译领域，简单来说，“尊重”也就成了译者调节翻译主体之间的人际关系以及源语和目标语两种文化间关系的原则。首先，译者作为翻译主体之一，尊重其他翻译主体。在翻译研究中，翻译作为一项复杂的社会活动，其翻译主体拓展到了译者、作者、读者甚至赞助人等，在翻译的过程中，译者必须充分考虑到这些主体彼此之间的关系。其次，翻译的最基本的功能是促进两种文化之间的交流，如果译者是其中一种文化的代表方，就要体现出对另一方文化的尊重，如果译者不代表任何一方，那么翻译实践中要保持一种文化层面的中立，也就是要对两种文化表现出同等的尊重，不能对任何一方持有偏见。

对其他翻译主体的尊重首先在于对原文本作者的尊重，当然，这一点事实上和对原文的尊重是密不可分的，尊重原文作者最为基本的要求是忠实于原文的内容，不论作者观点和立场的对与错、文本质量的高低[①]，都应力求把原文的信息内容原原本本地呈现在读者的面前，这是翻译本质的要求所在，离开了原文和原作者，就不存在翻译一说，译者自然就不复存在。在翻译实践中，也有很多人会怀疑是否能够绝对、完全忠实地传达原文的信息，因为语言文字本身就是一个声、形、义等都具备的产物，不同语言之间的差异导致译者不可能将这些同时译出，在当代翻译中，语言的意义也变得不确定。但是，这并不妨碍译者将“完美的译文”作为最高的理想来追求。

说到此，也许有人会反问，如此“尊重”原文本和原作者，是不是就否定了译者主体性？如何解释翻译实践中的叛逆性翻译的现实存在？笔者以为，这涉及

① 注：如果译者对原作者的观点、态度等持有不同的意见，可以通过注释、说明等方式进行适当的补充，译文必须反映出原文和原作者的真实面貌。

翻译两个不同层面的内容，两者之间并不存在矛盾。在对待“译还是不译”“如何译”的问题上，译者本身就有着自我选择的权利，这本身就是译者主体性的具体体现，重要的是在伦理道德约束的前提下如何抉择。至于译者在翻译过程中创造性发挥的问题，两种也并不相抵触。最早提出“翻译是一种创造性叛逆”的是法国文学社会学家埃斯卡皮（Escarpit），事实上，他所说的“翻译是叛逆”是指“把作品置于一个完全没有预料到的参照系里”①，而不是许多人断章取义理解的——译者抛开或背叛原作。的确，在翻译史上有着许许多多非常成功的案例，否则也就不会有“不忠的美人”之说。事实上，大多数的创造性翻译发生的翻译语境在于译者遭遇两种文化差异时的产物，译者在自身的文化参照系统内接受并表现原文本，在接受原文本和表达的过程中体现主体性，与忠实于原文之间不但没有冲突，相反，充分尊重了原作，其着眼点在于更加准确地传达原文中的文化意象，我们不妨以林语堂先生所译的《浮生六记》中的一个意象为例而证。

原文：格律谨严，词旨老当，诚杜所独擅，但李诗宛如姑射仙子。

译文：As forperfection of form and maturity of thought, Tu is the undisputed master, but LPo’s poems have the way ward charm of a nymph.

原文中的“姑射仙子”出自庄子《逍遥游》：“藐姑射之山，有神人居焉，肌肤若冰雪，绰约若处子。”在中国文化意象中是神仙般的美人，有一种超凡脱俗、难以用语言进行描述的美妙，林语堂先生用希腊神话中的“nymph”来替代这一文化意象。林语堂先生的处理是一个典型的创造性的翻译案例，从表面上看，似乎没有尊重原作，违背了“尊重”这一基本伦理原则。当遇到文化差异时，译者在翻译过程中需要深入研究和解读原文作者的意图，将源语意象通过最切近的对等物语融入译语文化中，其真正的意图在于实现原文作者意图的准确传输，是对

① 谢天振．译介学[M]．上海：上海外语教育出版社，1999：140．

原文的最大限度的尊重。可以想象，如果译者采用音译、直译或注释的方式来处理，势必造成晦涩难懂，姑且不说英文读者，不少中国读者对“姑射仙子”都知之甚少，这才是对原作者的不尊重。

当然，为了充分履行“尊重”的原则，译者在进行创造性翻译的过程中也可以通过对自己的创新进行注释说明，以充分体现对原文和原作者意图的尊重，在这一方面，林语堂先生在《京华烟云》的英文创作中给我们树立了良好的典范。

译者对其他翻译主体的尊重也体现在对译文读者的尊重上。读者，作为翻译活动的主体之一，是译者不能忽视的一个重要因素，现代翻译研究中以接受理论为代表的翻译理论充分说明了读者的重要性，事实上，没有了读者，译文就失去了存在的意义，更何况翻译是为原作者和读者之间架设沟通桥梁。通过翻译理论研究中的“忠实、通顺”“信、达、雅”“最切近的自然对等”等一系列经典描述，我们可以清晰地看到尊重作者和尊重读者几乎同等重要，在翻译实践中，从西方马丁·路德的《圣经》翻译到中国朱生豪的莎士比亚戏剧翻译，都非常尊重译文读者的需要，都是尊重读者的伦理典范。

尊重读者首先要尊重读者对译文的兴趣，要保持语言的通畅，要保障读者能读懂作者的意图与内容，西奥多·萨瓦里在《翻译的艺术》（1957）一书中甚至对译文读者进行了详细的分类①，针对不同的读者适当采用相应的翻译方法以进行灵活处理。从文化交流的角度而言，尊重读者还体现在对读者视野期待的满足，在不引起文化冲突或使读者产生负面情绪的前提下适当将原作中的异域文化引入到目标语中，从而实现文化交流的目的。如果引起读者的文化反感或厌恶，就违背了尊重读者的伦理原则。不过，需要注意的是，尊重读者并不意味着没有理智地

---

① 作者在该书中将读者分为：对源语一窍不通的读者；学习源语语言的学生；过去对源语有所了解，由于种种原因现在几乎全部遗忘了的读者；精通源语的学者。

一味迎合读者的文化、心理等需要，尤其是在两个民族文化之间存在相当严重的对立情绪或受到政治因素干预时，在翻译文本的选择、翻译方法和翻译策略的使用等方面需要更加小心谨慎。例如，在前些年我国电影创作、文学作品创造以及某些翻译作品中，出现了一批故意丑化中国或中国人民的作品，而这些作品在西方世界大受欢迎，迎合了西方不良政客的心理需要和政治需要，这是译者需要警惕的。

除了尊重翻译主体，译者作为文化交流的使者还应充分尊重不同的文化，尤其是尊重不同文化之间的差异，这在全球化的今天显得尤为重要，当前翻译文化研究领域，无论是西方贝尔曼的“异质伦理”、韦努蒂的“差异伦理”，还是我国学者孙会军的“拥抱差异”，都充分体现了尊重文化他者和文化差异的伦理倾向。

译者尊重他者文化应该建立在平等、公正、正义的基础之上，一旦译者不能正确对待文化的差异性并保持尊重差异的文化伦理观，势必导致两种文化间交流的不平等，导致文化霸权主义和文化民族中心主义的膨胀与扩张，这样一来，翻译不但不能起到文化交流的作用，相反会导致文化的矛盾与冲突。尊重他者文化要求译者尊重文化多元的事实并努力促进文化多元化，一方面，译者要保持自己的文化话语权，另一方面，要以宽容、理解的态度对待异域文化，相互尊重，做到和而不同，文明互鉴。

在文化全球化的当今世界，文化交流、多元共生、共同发展应该成为发展的趋势和潮流，越来越多的西方专家和学者已经看到、意识到我国传统文化的魅力，我国在世界上的文化意象也今非昔比，在这一过程中，作为东西方多元文化交流平台的翻译活动所做出的贡献是巨大的，并将在未来的历史发展进程中发挥更大的作用。在尊重我国民族文化的基础上，译者应充分尊重他者文化，搭建起中西方广泛交流的桥梁，力求两种文化之间平等对话与交流，最终有益于消解西方文化对我国的误解，促进东西方在经济、科技等各个领域的交流与合作，促进人类文明共同体的建设，为世界的和平、繁荣和发展做出自己应有的贡献。

7.6 翻译生态伦理探索

7.6.1 生态学对翻译研究的启示

进入21世纪后，随着翻译学跨学科研究趋势的发展，一种以生态学为视角的“翻译生态学”（Translation Ecology）研究逐渐形成。翻译生态的概念最早见于西方译界，1988年纽马克（Newmark）提出“整个翻译活动表现出明显生态学特征”①，另一位学者罗森纳·沃伦（1989）认为翻译是一种生存模式，两种语言之间的翻译就像生物的迁徙或植物的移植，翻译过来的作品必须要适应新的生态环境才能得以生存和延续，否则翻译作品无法生存下来。2003年，爱尔兰克罗尼恩（Cronin）教授在《翻译与全球化》一书中首次正式提出“翻译生态学”② 的概念，并提倡不同语种之间的翻译要保持健康平衡。在国内，翻译生态学的关联研究在最近十多年迅速崛起，2001年，胡庚申教授在第三届亚洲翻译论坛上提出“生态翻译学（Eco-translatology）”这一全新翻译理论，并全身心倾注于生态翻译的研究中，前后发表与生态翻译学相关论文总计50余篇，并出版这一领域专著：《翻译适应选择论》（胡庚申，2004）和《生态翻译学：建构与诠释》（胡庚申，2013）。此外，许建忠于2009年出版的《翻译生态学》以及国际生态翻译学研究会在澳门的成立，标志着翻译与生态学的系统研究逐渐形

---

① 刘国兵．翻译生态学视角下的译者主体性研究[J]．外语教学，2011，32（0）：97．

② Cronin M. Translation and Globalization[M]. London: Routledge, 2003: 56.

成。随着研究的深入，翻译生态学逐渐发展为一种研究方向，它将生态学的研究成果引入翻译研究，将翻译及其生态系统联系在一起，并以其相互关系及其机理为研究对象进行探究，进而从生态学角度审视翻译和翻译研究，对翻译中的多种现象进行剖析和解释。

翻译生态学研究有着特定的学术研究背景，主要归功于生态学研究的发展。自 20 世纪 50 年代以来，生态学研究蓬勃发展，从生理生态学到种群生态学、应用生态学，更为重要的是，随着生态学研究的不断深入，生态学与其他学科交叉渗透，在交叉学科领域形成了一种生态学术思潮。在 20 世纪中后期，由于全球性学术生态失衡与生态危机日渐凸显，成为自然科学与社会科学的交汇点，在胡庚申教授（2019）看来，“其本体论、方法论、认识论已形成了生态学与其他学科交叉研究可以直接对话的基本前提；其整体性与复合性思维已悄然间拓展到与之相关的各个学科领域，共同聚焦于相关领域中生态断裂的修复及其范式危机的解决，从而形成了全球性生态学术思潮”[①]。

生态学术思潮自产生以来，影响的范围不断扩大，语言学、文学、文化学、文艺学等诸多人文社会科学研究都不断引入生态学的理念，生态学术思潮呈现出卷席到与之相关的许多人文社会学科领域的发展趋势，当代学术研究似乎在走向一种新的生态文明。在这一思潮中，相关学科都将生态思想嵌入其学科研究之中，生态范式逐渐成为其学科发展的战略高点，各学科的生态化发展具有广泛而深刻的一致性，成为一种新的研究思路，从某种程度上说，生态学甚至可以理解为相关学科研究的元学科，成为了全球性生态学术研究的重要特质，翻译研究也同样如此。

翻译生态学术思潮的出现也不是偶然的，有着其特定的学术背景，或者说，

① 胡庚申．翻译研究“生态范式”的理论建构[J]．中国翻译，2019，40（4）：25.

正是翻译研究的不足与缺陷使研究者们发现需要寻找一种新的思路来阐述某些翻译研究、实践中存在的问题。纵观中西翻译史，传统的翻译研究一直以来属于零星的、印象式的、经验式的述说，语言学的兴起摆脱了这一研究模式，语言学转向因其局限于微观而使研究范式呈现单一。到20世纪70年代，随着西方哲学的“语用学转向”（The Pragmatic Turn）和20世纪90年代翻译研究的“文化转向”（The Cultural Turn）的出现，译学研究从结构主义的藩篱中解脱出来，但各种翻译思潮令人眼花缭乱，文化研究范式过于宏观，研究愈显分散。不仅如此，传统的翻译“忠”论被颠覆，“叛逆”“创造”成为翻译界的热门话题，对译者主体的彰显与限制形成一对对立的矛盾体，各种翻译作品质量参差不齐。如果将翻译看作一个生态系统，不论是翻译研究的范式，还是翻译理论的对立矛盾，到翻译实践的乱象，都充分说明这个系统不是那么健康的生态。

根据胡庚申教授（2019）的观点[①]，顺应全球性生态学术研究的趋向与建构翻译研究的“生态范式”，或者是一种改变翻译研究领域“生态维度”缺失和回应“范式危机”的有效方法，他认为：“生态范式的建构本质上是生态翻译学理论体系的进一步深化与拓展，它致力于从生态视角去观察和理解翻译，并用生态术语概念去描述和表达对翻译的观察与理解，试图解除传统研究范式发展过程中的二元对立的枷锁，实现对翻译生态、译者生存与文本生命的整体性考察，顺应了翻译研究的整体性方法论要求。”他总结了四个方面的具体表现：

（1）顺应了以生态学为“元学科”的内在要求，满足了整体论要求，使生态整体论真正成为翻译研究思维的核心。

（2）突破了二元对立的思维模式，引入了“多元整合”的思维范式，将直译与意译、归化与异化、主体与客体等圆融于翻译生态的整体性，使它们形成一种

① 胡庚申．翻译研究“生态范式”的理论建构[J]．中国翻译，2019，40（4）：26．

辩证互补的关系。

（3）顺应了后现代性趋向，建构了译者主导和翻译过程、翻译行为中的译者中心论，突出译者在翻译过程和翻译行为中的核心地位与主导作用，解决传统研究范式“见文不见人”的困境，实现新范式“见文亦见人”“见文为见人”的辩证统一。

（4）强化了生态翻译学的包容力，扩展了生态整体论的应用空间，引导了“翻译即文本移植”“翻译即生态平衡”“翻译即适应选择”等整体理论方法模式的提出。

7.6.2 生态学的伦理诉求

既然生态学对翻译研究具有元学科的意义，从生态学的角度建立健康的翻译生态就成为必然，这也是翻译生态学产生和发展的核心缘由之一。而对于生态学而言，生态伦理是一个无法回避的问题。

在当代社会，随着现代化水平的不断提高，生态问题不再局限在某个地方，成为世界性的难题，既包括环境问题（如水污染、大气污染），也包括人口问题。生态困境不是一个个独立的现象，其根本的原因在于人类思维模式存在问题，因为思维模式决定了人类对世界的理解。在近代科学理性主宰世界的时代，人类的思维模式是主客二分的，人类是世界的主体，自然世界是客体，这一思维模式导致了人类中心主义，非人的存在都成为人进行操控的对象，把人对自然的改造和利用视为理所当然，完全不能意识到人类是来源于自然的，强调对自然的操控和占有最终导致了人类自身的生存危机，也使得人们对传统哲学中主客二分的思维模式进行深入反思。

客观地说，从人类认知能力发展的历程来看，主客二分的思维模式帮助我们建立了现代科学，并为人类积累了丰富了物质财富，但与此同时，这也损害了人类生存的生态环境，生态环境的恶化迫使我们辩证地看待主客二分思维模式并对这一模式进行深入的反思。那么，如何有机、辩证地理解人与自然的关系？如何超越人类中心主义对人的束缚？生态困境根本原因到底何在？

当前，生态问题已经成为人类亟须解决的紧迫问题，甚至威胁到人类自身的存在。出于人类自身存在和发展的需要，人类必须从更加广阔的视域，甚至是与以往完全不同的视角去审视自然系统和人类社会二者之间的辩证关系。人类在实践活动中，在处理人与自然的关系时，应当做出理性的判断与合理的抉择，改善人与自然之间的关系是解决生态困境的紧迫任务。

随着主体性哲学、主体间性思想的出现，人类开始意识到，人是作为整个自然的一部分而存在的，人类能够发挥主观能动性促进自然界进化，能够影响发展的方向，但不是整个发展变化的主宰者，因为当人类主宰这个自然世界的时候，自然世界也会反过来对抗人类。在这种情形下，人类的地位需要重新确立，即作为共同体当中的一员，而不是征服者。这意味着，人类应当尊重他的生物同伴，而且也应以同样的态度尊重整个生态环境。生态环境问题提出的其实是人与生态的关系认识问题，人类从征服者的角色转变为调节者的角色，把维护生态系统的稳定作为自己的重要职责，其根本上是伦理学和哲学的问题。人类反思自身的结果也表现出生态学理论与各种生态问题产生的现实世界之间存在着不可忽视的矛盾，要化解这一矛盾就要把理论与现实联系起来，以新的伦理关系去调节人与自然之间的矛盾。因此，必须抛弃那种对自然资源的利用只是经济利用的观点，要尊重生命、认可自然生态的价值，并为此承担责任。实际上，这种伦理关系是人与自然之间的道德关系，也是这个时代的伦理诉求，早在 1973 年，挪威著名生态哲学家阿伦·奈斯（Arne Naess）就提出了“深层次生态学”（Deep Ecology）的理论，“将生态学发展到哲学与伦理学领域，并提出生态自我、生态平等与生态共生等重要生态哲学理念”[①]。

人类对生态问题的反思使得生态伦理学逐渐兴起，从学科性质来讲，所谓生态伦理学，“是关于人们对待地球上的动物、植物、微生物、生态系统和自然界其他事物的行为的道德原则、道德态度和行为规范的研究”[②]。生态伦理学处于伦理学与生态学学科的交叉领域，具体而言，是现有的伦理学原理在环境保护问题上的应用，因而生态伦理学在应用伦理学的具体研究范围内。因为生态伦理学扩展了传统伦理学的关注对象，把一般伦理学的理念、价值、准则、规范应用于调节人与自然关系领域，形成符合实际应用的伦理规范。因而，生态伦理学具有应用伦理学的基本特质：是应用与理论一起处于一种相互的论证与检验的关系，更多的是一种指导性的具体行为规范。 从内容上讲，生态伦理学是以人与自然关系为研究对象的学问，是一种责任伦理。它提出人对生命和自然界的恰当尊重和责任，从时空维度来讲，它关注人类和自然的现在及未来，从区域到全球范围，顾及全人类和整个自然界的生存和发展。归根结底，生态伦理学史研究的是受人与自然伦理关系影响的人与人的道德关系，这一关系只有在全面的行为规范与道德准则的约束之下才会稳固确立，只有当人类承担起维系生态平衡的义务与责任，才能在实际的活动中融入对自然生态的爱护与敬重，从而确立人与人之间、人与自然之间新型的关系。

7.6.3 生态学对翻译研究范式的启示

传统的人与自然的关系是对立的主体与客体之间的关系，这一中心主义的思

① 胡庚申．生态翻译学解读[J]．中国翻译，2008，29（6）：12．

② 钱俊生，余谋昌．生态哲学[M]．北京：中共中央党校出版社，2004：297．

维模式同样存在于翻译研究中，纵观翻译发展史和众多的翻译研究理论，在从源语到译入语的关系链条中，研究对象主要落在了“原作、原文作者、译者、译文和译文读者”上，翻译研究陷入了“文本中心论”“作者中心论”“译者中心论”“译本中心论”和“读者中心论”等各种“中心论”模式中，翻译研究范式的演变呈现出“从一个中心转向另外一个中心①”的趋势。在作者中心论中，原文的作者具有最高话语阐释权，在原意说的禁锢下，将作品等同于作者，将整个阅读过程视为作者向读者的叙说，是一种单向的传输过程，因而译者在动手翻译文本前，要尽可能深入了解和把握作者所属时代的社会背景、文化、习俗和历史背景，并对作者的生活态度、道德观念、艺术特点和语言风格，甚至是作者本人其他作品等进行全面的研究和了解，从而对文本有更透彻的理解。在翻译的过程中译者要探究原文文本的言外之意，使译文体现作者的写作意图，并认为译本好坏的评价标准为是否忠实于作者意图。

随着西方阐释学、接受美学、现象学和解构主义的兴起，读者的地位得到了前所未有的提升，文本的意义不再由原文和作者决定，而由读者和文本共同生成，不同的读者由于具有不同的生活体验和经历，在阅读原文文本时，会产生不同的理解，因而文本的意义得以再生，此时，文本的意义具有流动性，它从一个固定和封闭的体系走向一个开放多元的体系，此观点很快就被翻译研究者引入翻译界。

在传统翻译史上，一直盛行“译者中心论”，强调译者的天分，翻译的时候带有很大的主观性，它过分强调译者主体的直觉、灵感、本人广博的知识和深厚的文学功底，傅雷的“神似”、钱锺书的“化境”可以说是这方面的代表性看法。到了后结构主义阶段，随着主体性哲学的兴起，翻译研究从译文内部关系扩展到翻译的外部关系——社会文化因素。20 世纪 80 年代以后，翻译研究发生了文化转

① 陈大亮．翻译研究：从主体性走向主体间性[J]．中国翻译，2005（2）：3-9.

向，翻译的概念被大大泛化和模糊化了，只要能被译语文化接受即属翻译，文化翻译学派认为，翻译是对原文的改写，而一切改写都是译者对文本的操纵，是为权力服务的；功能翻译理论认为，翻译是一种目的性行为，目的决定手段，译者有不同的动机，便会有不一样的译文。在这一背景下，译者的地位得到前所未有的张扬，呈现出以译者为中心的研究模式。

如果对比翻译研究之间各翻译主体的关系和传统的人与自然之间的关系，会发现两者有着极为相似的特点，都与传统主客二分的哲学思辨模式密切相关，都是由于太关注于一个主体或客体，造成了翻译研究各要素和环节之间的脱节，因此都有着其自身的缺陷：

（1）中心论模式下的研究者总是喜欢把研究中心落在翻译运作链条上的某一个环节，翻译研究的对象要么过分关注主体，要么过分关注客体，造成主客体在一定程度上的分离，是主客体之间的一种单向交流。

（2）这是一种“自我中心论”模式，只能看见“自我”，看不见与“他者”的联系。即使看见了与“他者”的联系，也只是部分环节的联系、片面的联系。

（3）中心论模式下，人们是孤立、静止、片面地看问题，研究采用的是静态思维模式，不能推动翻译研究的良性发展。

如果从生态学的视角而言，所有的这些问题似乎都迎刃而解了，生态学是一种系统科学，将所有的相关生态要素都结合起来，各主体之间相互关联和影响，而且生态系统是一种动态的平衡。

7.6.4 翻译生态的伦理关照

生态学和伦理学之间的紧密相连和相互融合造就了生态伦理学的兴起和发展，那么，当我们在试图建立翻译生态系统之时，是否应该受到伦理的关照？具体要涉及哪些层面的内容？这是翻译生态研究不得不思考的问题。

对于生态学而言，生态环境是极为重要的一个层面，翻译生态环境包括的因素非常多，而翻译的规范环境是翻译生态环境中不可缺少的内容。规范环境指人类在社会群体生活中所形成和持有的态度、风气、气质与观念。每个人都会有自己的感知、认知和想法，在对许多感知和想法进行比较和选择后，会在感情上有所喜爱和珍视，并有所作为，甚至使感知和想法成为人格的一部分，这便是个人的价值。如果进而能符合群体的需要和社会的期望，便可以使个人的价值成为社会的价值。这些价值包括风俗、习尚、舆论、道德等，使人的生活和行为在某些形态中得以发展，以构成规范环境。规范环境不但规范个人的生活和行为，而且使人的精神生活得以充实，使人们的精神生活得以升华，从而使人们实现生活的目标和意义，满足个人心理上的需要，进一步由个人扩大到种群（民族）和群落（多民族国家）乃至大生态系统（世界范围），使历史文化繁衍久远。人在规范环境中，受到他人的态度、期望与要求的影响，从而建立价值观，形成道德和发展人格。同样，个人经验的成熟或价值的创造可以使自己的观念和精神价值影响到别人，充实或更新文化，使规范环境的内涵更为丰富。规范环境大致包括文化、艺术、科学、技术、哲学，也包括价值、伦理、道德观念等，它们都会对翻译产生渗透或交织、促进或妨碍等这样或那样的作用和影响。

当前翻译伦理研究关注焦点主要集中在翻译伦理本身方面，从职业道德、文化等多个方面进行了审视探讨，从生态层面进行探讨研究则是一个新兴领域，当前的国内外学者鲜有涉足。有的学者从现有的生态翻译学的层面出发，试图对翻译伦理进行解释，并对其可能发展为普世伦理的可能性进行论断。2013 年，胡庚申第一次较为全面地对生态翻译学的伦理要求进行了说明，并将其作为生态翻译学的一个核心理念。胡庚申认为，基于伦理学对生态翻译学进行研究，不仅能够进一步延展研究范围，而且也有助于促进其健康发展。生态翻译学创始人胡庚申教授类比生态伦理，针对翻译实际，基于生态翻译学研究取向，演绎提出生态翻译学的四个基本伦理原则："平衡和谐"原则、"多维整合"原则、"多元共生"原则以及"译者责任"原则。这四项基本原则克服了西方翻译伦理的理想化和精英化局限性，具有实操性和普适性，其中，"平衡和谐"原则是四项基本伦理原则中的核心原则，也是翻译伦理原则生态性和整体性的集中体现，而"译者责任"原则则成为生态翻译伦理原则的实操入口和贯彻路径。目前，由于生态翻译学伦理的概念较为新鲜，因此有关这方面的理论和应用研究尚未全面开展。在生态翻译学的观点中，其伦理原则就如同人在自然活动中所要遵循的伦理要求。

在生态伦理中，有一个非常重要的生态伦理原则就是"共生共存"。根据生态学原理，共生性是生物存在的一种基本状态，即生物间相互依存、共同发展的状态。同自然生态中的生物多样性和生物共生性一样，翻译理论研究的多元化应该成为翻译学发展的一种常态。翻译理论研究是一种学术研究，而学术研究就要讲求"同而且异"。因此，翻译研究讲求多元，体现的是对翻译理论研究者"构建权"的尊重。从这个意义上可以说，各种翻译研究流派的存在也是理论构建者的一种"权利"。从生态翻译伦理的视角来看，这也是构建翻译理论探索中"共生共存"生态平衡的必然要求。

翻译生态的伦理诉求不仅存在于翻译理论研究的层面，甚至在整个翻译生态系统中也是无处不在的，因为翻译生态环境各要素之间的关系极为复杂，其所涵盖的诸多要素相互之间都存在着一定的伦理关系，包括：译者与翻译生态环境之间的关系；现实生活与翻译活动之间的关系；作者、读者以及赞助商等人与翻译生态环境之间的关系等。要想科学处理和安排这些关系，就必须要有一定的伦理来指导，生态翻译学伦理正是为了解决这类问题而出现的。因此，将其与自然生态联系起来进行比较，至少可以衍生和发展出三大伦理要求，分别是“译者责任”“平衡和谐”和“多元共生”。

第一，“译者责任”指的就是译者在整个翻译工作中必须承担全部责任。从生态翻译学的视角来看，译者作为“翻译群落”中的一员实施翻译行为，而其他成员不直接参与，只有译者才能负责统筹协调“翻译环境”（译境）、“翻译文本”（译本）、“翻译群落”（译者）三者之间的相互关系，也就是通过“译者责任”来实现三者之间的关联互动、平衡和谐的翻译生态。

第二，“平衡和谐”的关注焦点主要是原文生态与译文生态之间的关系，这一伦理要求认为翻译的主要目的就在于促使译文能够与新的语言、文化和社会生态融洽共存。

第三，“多元共生”主要指的是各译本之间的共生关系，其认为在不同的翻译群落和翻译环境中，各具特色的译本在适应其生态环境后存在并发展，这种译本间共存和生存的“翻译权”应受到鼓励和保护。

7.6.5 文化生态与翻译伦理

文化生态是客观存在的，就全球而言，各个民族、各个国家和地区以其各具特色的文化存在不同的大大小小的文化生态系统，这些文化生态系统构成了世界文化生态大系统。即使在“罢黜百家，独尊儒术”的中国封建专制社会和“神权至上”的欧洲中世纪社会，在各民族文化生态系统内部，形形色色的民间子文化系统仍然或隐或现地顽强存在着，并和主流文化一起构成其具有民族特色的文化生态景观。而且，不同层次的理念、价值观以及制度文化、行为文化、物质文化与其他因素形成了环环相扣的“文化链”，它具有自我调节、自我完善和自我更新的能力。文化生态系统作为一种知识体系有自身的矛盾运动，有自身的发生发展过程。它像生命的起源和生物的进化那样，经历了萌芽时期、产生时期和由简单到复杂、由低级到高级的演化过程。每个文化生态系统都是开放的，它不断与外界进行着能量和信息的交换。

正是由于文化生态系统的开放性，在文化全球化背景下，文化交流的过程中各民族文化原有的文化生态系统在不断变化之中，尤其是“霸权文化”对文化生态系统产生了巨大的破坏性作用。在某种程度上，文化全球化体现着西方的文化霸权。西方发达国家出于统治全球的霸权主义需要，凭借其科技和经济实力的优势及对全球各种传媒和网络的垄断性经营，在文化领域向全世界倾销、灌输西方资本主义的价值观念、社会方式和“欧美中心主义”的意识形态，任意贬低、排斥、歧视、歪曲，甚至诽谤其他民族的光辉历史和优秀文化，结果人为制造了各民族、国家之间在文化上的隔阂、矛盾和对立。在全球化过程中，处于不利地位的发展中国家则极力维护自身的主权和独立。

在当代翻译研究中，翻译对文化交流的积极意义已经达成基本共识。那么，维持健康的文化生态系统，必然要求伦理的规范。在翻译的文化研究视域下，翻译活动是文化间交往的社会实践活动，应受到道德理性的制约，没有道德理性作为基础，这种社会交往活动就会失范，就会被歪曲或被恶意地利用，从而造成不平等的交往关系。因此，在国际文化交流中应有为各国都能接受的普遍性道德标准，即翻译的文化伦理。它是一种以承认文化差异性并尊重异文化为基础，以平等对话为原则，以建立良性的文化间互动关系为目的的构想。

伦理是人际关系中的道德规范，交往活动是主体间性的，即社会性的，所以，交往伦理是人类交往行动中的道德规范，而翻译伦理则是跨文化交往活动中的道德规范。翻译的道德规范首先要求参与对话的双方必须本着平等和公平的原则进行。翻译是不同文化之间展开的活动，而文化之间所具有的差异性会在翻译中表现出来，如果不能正确对待文化的差异性，就会导致交往的不平等，出现文化霸权主义、文化民族中心主义、文化民族虚无主义等现象。

翻译的道德规范还要求具有包容他者的精神。尊重文化多元的事实，在保持自己的话语权利的同时，以宽容的态度对待“异”文化，做到异中求同，通过对话达到相互理解，取长补短，彼此借鉴。这尤其是强势文化或中心文化所应持有的态度。

但是，我们已经看到，在后殖民主义时期有一段政治意识形态的对立，在冷战结束后，原来的政治意识形态方面的对抗已让位给了文化意识形态之间的冲突，文化霸权主义和文化殖民现象还十分严重。一些强势文化对弱势文化的排斥或同化是普遍现象。在翻译领域中也有十分明显的趋势。一种西方中心主义的强劲势力或隐或显地影响着西方译界，而边缘文化在中心文化的强大权利话语面前显得十分软弱，甚至患上失语症。这不仅反映在翻译的数量和质量上，主要表现在对待异文化的态度上。

因此，在21世纪的翻译活动这种跨文化的对话中，道德与伦理的制约就显得重要了。我们反对民族文化中心主义的文化观和文化相对主义的文化立场，提倡文化交流主义的文化立场，即既承认各种文化的合理性，也十分尊重它的存在，同时也对文化差异给予重视，并力图通过对话的途径促进文化间的彼此交流，从而达到人类的共同繁荣和进步。

在翻译的过程中，树立正确的文化伦理观至关重要。首先要尊重世界文化这个大的生态系统，反对人为性的破坏性作用，维持各民族文化生态系统的多元共生与和谐平衡。正确的伦理观还需要我们从生态系统的角度来审视各民族文化生态系统的特殊性与独立性，每一个文化生态系统内部的各种文化形式和文化因子不可避免地交互、融会贯通，其中一个因素、一个环节的变化，往往会带来一连串的反应体文化结构的深刻变革。因此，文化生态概念适用于任何时代、任何社会的文化研究，文化发展也不可能脱离其特定的文化生态系统。只有站在一个文化生态系统的内部，对其产生、形成、发展进行全过程的考量，另一个文化系统的人才能真正理解其历史的内涵和现有的光彩，也才会尊重它。

另外值得一提的是，翻译的文化生态影响也受到政治的干预，政治生态学家关注环境问题背后的社会结构性和不同群体间的互动，认为应该将环境问题置于复杂广阔的文化与权力背景之下，比如殖民主义、资源控制等。从生态视角思考翻译问题，同时也从翻译现象思考生态政治问题。还应审视全球化背景下的翻译现象。生态翻译研究重视翻译在全球化背景下的双刃剑作用：翻译的失控，比如强势语言归化翻译弱势语言文化、不尊重他者的特殊性，以及效益至上的翻译逻辑，都会对语言乃至背后的生态多样性造成破坏；但翻译同时又在捍卫传播生态文化的交流中不可或缺，没有翻译就不可能有弱势语言的发声，也不可能让地方的生态知识“走出去”。因此，在研究翻译对文化生态的影响时，政治的因素也不得不加以考虑和研究。

7.6.6 翻译主体生态系统下译者主体性的发挥与制约

20 世纪中叶兴盛于西方世界的泛文化思潮是对现代性的一种反思与反省，本质上是后现代性的，其核心思想是去中心化，这种思想对翻译伦理研究具有重要的启示意义。在翻译伦理研究中，译者的伦理研究是翻译研究的核心问题之一。那么，从生态学的视角而言，要保持一种什么样的主体生态系统？译者在翻译主体生态系统中处于什么地位？在维持翻译主体生态系统的平衡中译者的伦理责任是什么？如何规避译者中心论或译者主体性过度张扬而带来的弊端？这涉及从生态学视角探讨译者主体性发挥与制约的问题。

事实上，近些年来，国内译界已经开始从生态学的视角对翻译主体、译者主体性问题进行研究。2010年，朱月娥①通过翻译生态系统与自然生态系统的对比，论述了译者主体与翻译主体系统之间的关系，从译者正确理解源语作者和源语文本、处理好源语文本与目的语文本的关系、源语作者与目的语读者有效沟通三个层面阐述了译者主体性无处不在的观点；2011 年，刘国兵②从生态群落与译者主体性、植物带分布与翻译霸权主义、“优胜劣汰，适者生存”法则对译者的启示三个方面对译者主体性进行了阐释；2012，钱春花③从宏观和微观环境角度对翻译生态系统构成要素进行了实证研究；谢志辉④（2017）提出译者主体性的发挥不是绝对的,而是会受到翻译生态系统其他因素的制约的，译者主体性的彰显与制约都是为了翻译生态环境的平衡与和谐。

谈及翻译主体，由于学术界对翻译主体的理解不同，首先还是有必要在生态学视角下进行一个界定。目前，有人认为，翻译仅仅指翻译行为本身，那么翻译活动的主体就是译者。也有人认为，翻译指与翻译活动全过程相关的所有因素，包括原作者、读者，这样一来，翻译主体涉及三个方面。当译者作为翻译主体得以确立，那么何谓译者主体性？在哲学领域，所谓主体性是指“主体的本质特性，这种本质特性在主体的对象性活动中表现出来，包括目的性、自主性、主动性、创造性等，简言之，即主观能动性”，那么译者主体性就可以指在作为翻译主体的译者在翻译过程中表现出的主观能动性。

---

① 朱月娥．翻译主体生态系统中的译者主体性[J]．中国科技翻译，2010，23（1）：55-58.

② 刘国兵．翻译生态学视角下的译者主体性研究[J]．外语教学，2011，32（3）：97-100.

③ 钱春花．翻译生态系统要素结构研究[J]．中国矿业大学学报（社会科学版），2011，13（4）：134-139.

④ 谢志辉．生态翻译学视角下的译者主体性[J]．长沙大学学报，2017，31（1）：103-105.

在翻译生态学视角下，译者主体性有其特定的内涵。按照当前翻译生态学研究的普遍理解，翻译是一个生态系统，在这个生态系统下又可以分为若干个子系统。按照自然生态系统原理，生态系统是一个相对平衡、稳定的系统，每一个物种都需要适应这个系统才能得以生存。同时，生态系统也是一个动态的系统，在某些特定的环境下可能暂时失去平衡，经过一定时间后重新达到某种平衡。在翻译生态系统中，译者作为这个系统中的一员，他的翻译行为必然受到这个系统中各种内外环境因素的影响，需要在翻译过程中不断适应和选择环境，但也有可能会有目的性地打破原有的平衡而建立一种新的秩序。从生态学这个层面来说，译者主体性可以理解为译者在翻译生态环境的制约下、为适应或达到某种翻译生态平衡而在翻译活动中表现出来的主观能动性行为。

译者主体性首先是由译者在翻译主体生态系统中的主体地位来决定的。一般说来，翻译生态系统是由翻译无机环境和翻译生物群落两大部分组成的，翻译无机环境指源语文本及作者、译者、读者和翻译研究者等共同构成的社会历史语境，而翻译生物群落则主要限于包括作者、译者、读者等构成的各翻译主体。在翻译生态系统中，各翻译主体间存在相互对话与交往的关系，因此，各翻译主体之间相互作用、相互制约，从而构成一种“共生互动”的生态关系。但作为人类的一种社会活动，译者维系着主体间生态平衡，是翻译主体生态系统的核心力量，具有主导性特征。译者选择哪一个作者的何种文本，采取何种翻译标准、何种翻译原则以及翻译策略，在读者面前呈现出何种作品面貌，在目标语环境中在何种程度上对读者产生何种影响，如此等等，都是译者的主体性行为。

译者对翻译生态环境的主体地位决定了译者的主体作用。毫无疑问，译者的翻译行为是一种有意识的、创造性的、目的性的主观活动，如果从生态学的视角来考察，则是为了维持、影响，甚至是改变翻译生态系统的某一种或者多种平衡的有选择性的行为。译者通过自身的翻译行为对创造健康的翻译生态环境，维持翻译主体之间、各语言文化之间、各话语权利之间等多个层面的生态平衡，具有决定性的作用，这也是译者在这个生态系统中所必须具有的一种伦理职责。在人类的历史上，为了语言文化的繁荣与交流，为了民族思想的进步、科技的发展，也为了文化的入侵与反侵略，译者对他所处的时代与环境进行的目的性行为比比皆是，从西方的《圣经》翻译，到我国五四时期文艺翻译，译者对他所处的生态环境所产生的影响无可估量，更起到了非常积极的作用。

译者主体性的积极发挥并产生正面影响是译者伦理的职责所在，但是，主体性的发挥是有一定限度的，而不是随意发挥的，是要受到翻译生态系统的制约的。在生态学中，生物在一定环境中生存，必须依赖其生存发展的多种生态“因子”，当某种生态因子不足或过量时，都会影响生物的生存和发展，而且，各种因子相互关联作为一个整体综合发挥作用。在翻译生态系统中，译者同样要受到来自其生存环境的制约。

作为生态环境中的一个主体，译者自身是这个环境的产物，其主体性的发挥必须以自身为基础，具有先天的局限性。这个生态环境指译者自身赖以生存、成长的外部环境，包括译者所处的自然环境、人文环境、社会环境、规范环境等，这个环境的总和形成了译者的译者文化、教育背景、译者思维、兴趣爱好、价值标准、文化认知、翻译经验等，决定了译者主体性发挥的程度。不同成长环境下的译者，他的翻译作品是截然不同的，只有融贯东西的林语堂才能有《京华烟云》这样的名作。

译者主体性的制约也体现在生态环境对译者翻译行为的制约。在翻译生态系统中，虽然译者是最为活跃的一个主体，具有很大的活动空间，但也必须注意到，译者的主体性在一定前提下才能得以发挥，要受到各种因素的制约。从生态学的视角来说，就是译者要适应翻译生态环境，要接受翻译生态环境的支配，自己的目的性行为才有可能实现。

译者在翻译生态系统中主体性发挥的制约因素涉及多个层面，主要包括译者自身所处的经济、文化等社会环境，翻译行业的发展状况，翻译赞助人、出版商的要求，译作的目标语环境。所有这些，决定了译者的翻译行为，也就是要在满足以上基本条件的前提下，译者的作品才有可能得以生存。

翻译生态学研究是中国译学研究的一个大胆尝试和创新，从翻译生态学的视角来研究翻译的主体问题是一个全新的视角。从生态学视角来看，作为翻译主体的译者在发挥其主体性的过程中，有义务和责任维护健康的生态平衡，对维持翻译主体间、译者与翻译生态环境之间的动态平衡发挥积极的作用。尤其在当今文化多元化的时代，译者要以包容的胸怀对待异族语言文化，在充分尊重原作的基础上，合理发挥其主体性，促进语言、文化的繁荣，遏制翻译领域中的文化霸权主义和文化沙文主义，保护世界翻译系统的生态平衡。

参考文献

[1] André Lefevere. *Translation, Rewriting and the Manipulation of Literary Fame*[M]. London & New York: Routledge, 1992.

[2] André Lefevere, Susan Bassnett. *Translation, History and Culture* [M]. London & New York: Pinter Publishers,1990.

[3] Andrew Chesteman. *Proposal for a Hieronymic Oath* [J]. The Translator, 2001, 7(2): 139-154, 146-147.

[4] Andrew Chesterman. Ethics of Translation [A]. M. Snell-Hornby et al. (Eds.). *Translation as Intercultural Communication*[C]. Amsterdam& Philadelphia: John Benjamins, 1997a: 147-160.

[5] Andrew Chesterman. *Memes of Translation* [M]. Amsterdam & Philadelphia: John Benjamins, 1997b.

[6] Anthony Pym. Ed. *Introduction: The Return to Ethics in Translation Studies* [J]. *The Translator*[C]. Manchester: St. Jerome Publishing, 2001(2): 129-138.

[7] Arnaud Laygues. Review Article of Buber, Marcel, and Levinasb [J]. *The Return to Ethics*, Special issue of *The Translator*, 2001, 7(2): 134-138.

[8] Berman Antoine. *Translation and the Trials of the Foreign* [A]. Lawrence Venuti *The Translation Studies Reader* [A]. London & New York: Routledge, 2000.

[9] Christine Nord. *Translating as a Purposeful Activity: Functionalist Approaches Explained* [M]. Manchester: St.Jerome Publishing, 2001.

[10] Clemens Heyder, Solveig Lena Hansen, Claudia Wiesemann. *Ethical Aspects of Translating Research with Human Pluripotent Stem Cell Products into Clinical Practice: A Stakeholder Approach* [J]. The New Bioethics, 2020, 26(1): 3-16.

[11] Douglas Robinson. *Translation and Empire: Postcolonial Theories Explained* [M]. Manchester: St. Jerome Publishing, 1997.

[12] Dastidar Joyeeta G. *Beyond Translating Ethical Norms Into Practice: Integrating Implementation and Assessment Mindsets*[J]. The American Journal of Bioethics: AJOB, 2020, 20(4): 92-94.

[13] Edwin Gentzler. *Contemporary Translation Theories* (Revised Second Edition) [M]. Shanghai: Shanghai Foreign Language Education Press, 2004.

[14] Emaneul Levinas. *Ethics and Infinity* [M]. Pittsburgh: Duquesne University Press, 1985.

[15] Friedrich Schleiermacher. *On the Different Methods of Translation*[C]. R. Schulte & J. Biguenet. *Theories of Translation: An Anthology of Essays from Dryden to Derrida*, 1992: 36-54.

[16] Garatri Chakravorty Spivak. *The Politics of Translation: Outside in the Teaching Machine*[M]. London & NewYork: Routledge, 1993.

[17] Gideon Toury. *In Search of a Theory of Translation*[M]. TelAviv: Porter Institute for Poetics and Semiotics, 1980.

[18] Jacques Derrida. *What is a Relevant Translation* [J]. Critical Inquiry, 2001, 27(2): 174-200.

[19] Jenny Williams, Andrew Chesterman. *The Map: A Beginner's Guide to Doing Research in Translation Studies* [M]. Shanghai Foreign Language Education Press, 2004：18-19.

[20] Jeremy Munday. *Introducing Translation Studies: Theory and Applications* [M]. London& NewYork, Routledge: 2001: 24.

[21] Kaisa Koskinen. Beyond Ambivalence: *Postmodernity and the Ethics of Translation* [M]. Tampere: University of Tampere, 2000.

[22] Kathleen Davis. *Deconstruction and Translation* [M]. Shanghai: Shanghai Foreign Language Education Press, 2004.

[23] Lawrence Venuti. *The Translator's Invisibility: A History of Translation* [M]. London & New York: Routledge, 1995.

[24] Lawrence Venuti. *The Scandals of Translation: Towards an Ethics of Difference* [M]. London &New York：Routledge, 1998.

[25] Mary Snell-Hornby. *Translation Studies—An Integrated Approach* [M]. Shanghai Foreign Language Education Press, 2001:2.

[26] Mona Baker, Ethics of Renarration, An Interview with Andrew Chesterman [J]. *Cultus,* 1(1), 2009: 10-33.

[27] Peter Newmark. *No Global Communication without Translation*[C]. Gunilla Anderman, and Margaret Roger. *Translation Today: Trends and Perspectives.* Clevedon: Multilingual Matters Ltd. ，2003.

[28] Perer Newmark. Communicative and Semantic Translation. Bable, 23/4, 1977.

[29] Sandra Berman, Michael Wood, (eds.). *Nation, Language and the Ethics of Translation* [A]. Princeton University Press, 2005, 11: 26.

[30] Sisk Bryan A, Mozersky Jessica, Antes Alison L, DuBois James M. *The "Ought-Is" Problem: An Implementation Science Framework for Translating Ethical Norms Into Practice*[J]. The American journal of bioethics: AJOB, 2020, 20(4): 62-70.

[31] Tejaswini Niranjana. *Sitting Translation: History, Post-Structuralism and Colonial Context* [M]. University of California, 1992.

[32] TYTLERAF. *Essay on the Principle of Translation* [M]. Beijing: Foreign Language and Research Press, 2007.

[33] Theo Hermans. Translation, Ethics, Politics[C]. Jeremy Munday. *The Routledge Companion to Translation Studies*. London & New York: Routledge, 2009.

[34] 安妮·布赫塞，杨森林．翻译中的他异性：理论与实践概述（续）[J]．中国翻译，2007（6）：10-13.

[35] 爱德华·萨义德．东方学[M]．王宇根，译．北京：三联书店，1999.

[36] 常瑞娟，张晓玲．中国翻译伦理研究十五年述评[J]．山西大同大学学报（社会科学版），2019，33（4）：73-77.

[37] 陈福康．中国译学理论史稿[M]．上海：上海外语教育出版社，2000：115.

[38] 陈凯军，李静．对译者地位变迁的文化思考——从文化普遍主义到文化相对主义[J]．常州工学院学报，2011（8）：68-71.

[39] 陈凯军，赵迎春．异化翻译的文化解读[J]．嘉兴学院学报，2012（1）：91-94.

[40] 陈凯军．中国翻译伦理观的变迁与新型伦理观的构建[J]．湖北社会科学，2013（10）：137-139.

[41] 陈志杰，吕俊．译者的责任选择——对切斯特曼翻译伦理思想的反思[J]．外语与外语教学，2011（1）：62-65.

[42] 丁棣．译者的天职仅仅是忠实？——再论“发挥译语优势”[J]．中国翻译，2001（3）：27-30．

[43] 达尼尔·葛岱克．职业翻译与翻译职业[M]．北京：外语教学与研究出版社，2011．

[44] 杜玉生．西方当代伦理学的发展与译学研究——翻译研究中的伦理性问题[J]．广东外语外贸大学学报，2008（1）：25-29．

[45] 冯曼．译者、技术与世界：翻译技术伦理反思[J]．理论月刊，2020（5）：153-160．

[46] 方薇．变译之伦理辩[J]．外语学刊，2019（5）：95-101．

[47] 方熹，江畅．中国学界德性伦理学与规范伦理学论争研究述评[J]．武汉大学学报（哲学社会科学版），2019，72（3）：62-69．

[48] 高博．“伦理的博弈”：埃兹拉·庞德中国古典文学翻译中的伦理选择及解读[J]．江苏外语教学研究，2019（3）：91-94．

[49] 甘露，杨晓琼．翻译伦理研究的一部力作——评《后现代语境下的翻译伦理研究》[J]．湖南科技学院学报，2019，40（2）：134-135．

[50] 郭延礼．中西文化碰撞与近代文学[M]．济南：山东教育出版社，1999．

[51] 葛林．翻译伦理再思考[J]．广州大学学报，2007（12）：71-75．

[52] 郝景东．翻译政治与严复翻译中的伦理思想[J]．宿州学院学报，2019，34（11）：49-52．

[53] 郝俊杰，莫爱屏．翻译技术的伦理探索[J]．上海翻译，2019（5）：58-63．

[54] 何怀宏．底线伦理[M]．沈阳：辽宁人民出版社，1998．

[55] 胡庚申．翻译适应选择论[M]．武汉：湖北教育出版社，2004．

[56] 胡圆圆，屠国元．真善美翻译伦理关系探微——傅雷翻译活动个案研究[J]．上海翻译，2018（6）：68-73．

[57] 金兵．论德里达的“确当的翻译”[J]．解放军外国语学院学报．2006（2）：75-79．

[58] 蓝红军．关于翻译技术伦理性的思考[J]．上海翻译，2019（4）：8-13，94．

[59] 李文革．西方翻译理论流派研究[M]．北京：中国社会科学出版社，2004．

[60] 孔汉思，库舍尔．全球伦理普世宣言[M]．何光沪，译．成都：四川人民出版社，1997．

[61] 刘微．翻译学：走向解释学模式与质疑伦理——评韦努蒂新著《翻译改变一切》[J]．中国翻译，2013，34（3）：49-52．

[62] 刘微．翻译与解释——劳伦斯·韦努蒂访谈录[J]．中国翻译，2013，34（6）：46-49．

[63] 刘卫东．翻译伦理的回归与重构[J]．中国外语，2008（11）：95-104．

[64] 罗新璋．翻译论集[M]．北京：商务印书馆，1984．

[65] 骆贤凤．中西翻译伦理研究述评[J]．中国翻译，2009（3）：13-17．

[66] 骆贤凤．后现代语境下的译者伦理研究[D]．长沙：湖南师范大学，2012．

[67] 林语堂．京华烟云[M]．北京：外语教学与研究出版社，2005．

[68] 刘皓秋．儒家文化视角下中国传统译论中的伦理探究[J]．国际公关，2019（12）：251-252．

[69] 刘云虹，许钧．翻译的定位与翻译价值的把握——关于翻译价值的对谈[J]．中国翻译，2017，38（6）：54-61．

[70] 吕俊．跨越文化障碍——巴比塔的重建[M]．南京：东南大学出版社，2001．

[71] 吕俊．结构·解构·建构[J]．中国翻译，2001（6）：8-10．

[72] 吕俊．翻译学解构与重建[J]．外语学刊，2002（1）：87-92．

[73] 吕俊，侯向群．翻译学：一个建构主义的视角[M]．上海：上海外语教育出版社，2006．

[74] 龙明惠．翻译的形而上——论“忠实”之于翻译的本体论意义[J]．安徽大学学报，2008（1）：72-75．

[75] 刘亚猛．韦努蒂的“翻译伦理”及其自我解构[J]．中国翻译，2005（5）：40-45．

[76] 李中涵．韦努蒂异化翻译理论的伦理指涉[J]．湖南科技学院学报，2019，40（3）：135-138．

[77] 彭萍．翻译伦理学[M]．北京：中央编译出版社，2013．

[78] 涂兵兰，胡颖，聂泳华．伦理暧昧：一项关于翻译职业伦理准则的调查[J]．外语与翻译，2018，25（4）：20-26．

[79] 谭华．翻译标准研究新视角：“善译”伦理阐释[J]．外国语文研究，2020，6（2）：77-86．

[80] 谭素琴．社会认同下译者身份的翻译伦理[J]．牡丹江大学学报，2019，28（5）：111-114．

[81] 申连云．尊重差异——当代翻译研究的伦理[J]．中国翻译，2008（2）：16-19．

[82] 孙伟．全球化语境下的翻译伦理研究[J]．北京第二外国语学院学报，2010（8）：7-13．

[83] 申迎丽，仝亚辉．翻译伦理问题的回归——由《译者》特刊之《回归到伦理问题》出发[J]．四川外语学院学报，2005（3）：94-99．

[84] 宋以丰，曹波．翻译伦理的多元论与一元论[J]．伦理学研究，2019（01）：114-121．

[85] 孙艺风．翻译与异质他者的文化焦虑[J]．中国翻译，2007（1）：5-10.

[86] 孙致礼．译者的职责[J]．中国翻译，2007（4）：16-20.

[87] 汤君．翻译伦理的理论审视[J]．外国语，2007（4）：57-64.

[88] 谭载喜．新编奈达论翻译[C]．北京：中国对外翻译出版公司，1999.

[89] 谭载喜．西方翻译简史（增订版）[M]．北京：商务印书馆，2004.

[90] 万俊人．寻求普世伦理[M]．北京：商务印书馆，2001.

[91] 王东风．解构“忠实”——翻译神话的终结[J]．中国翻译，2004（6）：3-9.

[92] 王东风．归化与异化：矛与盾的交锋[J]．中国翻译．2002（2）：26-28.

[93] 王大智．关于展开翻译伦理研究的思考[J]．外语与外语教学，2005（12）：44-47.

[94] 王大智．翻译伦理概念试析[J]．外语与外语教学，2009（12）：61-63.

[95] 王军．中西翻译标准演变史[J]．成都大学学报，2007（4）：117-120.

[96] 韦努蒂．翻译与文化身份的塑造[A]．查正贤，译．刘健芝，校．许宝强，袁伟，选编．语言与翻译的政治[C]．北京：中央编译出版社，2001.

[97] 吴建国，魏清光．翻译与伦理规范[J]．上海翻译，2006（2）：1-6.

[98] 吴文梅．修“名”与督“实”：国内翻译学跨学科研究路线图[J]．上海翻译，2020（3）：18-22.

[99] 许宏．翻译存异伦理研究[M]．上海：译文出版社，2012.

[100] 许钧．论翻译活动的三个层面[A]．张柏然，许钧．面向21世纪的译学研究[C]．北京：商务印书馆，2002：219-230.

[101] 许建忠．翻译生态学[M]，北京：中国三峡出版社，2009.

[102] 徐普．安托瓦纳·贝尔曼翻译理论中的“伦理”问题[J]．法国研究，2011（2）：67-75.

[103] 杨镇源．论“忠实”之后的文学翻译伦理重构[J]．理论探索，2010（4）：37-39．

[104] 杨镇源．翻译伦理研究[M]．上海：译文出版社，2013．

[105] 祝朝伟．译者职责的翻译伦理解读[J]．外国语文．2010（12）：77-82．

[106] 张道震．意义阐释和文学翻译的伦理[J]．中国翻译，2009（3）：18-22．

[107] 周辅成．西方伦理学名著选集[M]．北京：商务印书馆，1978．

[108] 张广法，文军．差异伦理视角下的翻译注释研究：《庄子》翻译注释的内容分析[J]．外语教学，2019，40（3）：86-92．

[109] 曾记．忠实的嬗变——翻译伦理的多元定位[J]．外语研究，2008（6）：76-83．

[110] 张南峰．中西译学批评[M]．北京：清华大学出版社，2004．

[111] 张景华．翻译伦理：韦努蒂翻译思想研究[M]．上海：上海交通大学出版社，2009．

[112] 周庭华．论斯皮瓦克异质伦理翻译思想与实践[J]．五邑大学学报（社会科学版），2019，21（3）：73-78，95．

[113] 朱献珑．译学范式转换视域下的译者主体性研究[D]．长沙：中南大学，2011．

[114] 赵伟卫．文化全球化视域下的伦理冲突及其批判[D]．济南：山东师范大学，2011．

[115] 赵迎春．简议翻译伦理的维度[J]．长江师范学院学报，2012（1）：110-112．

后　记

自 20 世纪 80 年代贝尔曼提出“翻译伦理”概念，不论是西方翻译界还是国内翻译研究，这一领域的研究者都认识到了翻译伦理研究的重要性与意义，有部分学者将翻译伦理作为翻译研究领域的一个重要维度和发展方向，甚至有学者用翻译的“伦理转向”来形容翻译的伦理研究。在过去近三十年时间里，翻译界在这一新的领域取得了丰硕成果，有些理论已经初步形成相对独立的理论体系。在伦理问题成为理论家们关注的热点之后，文化学派、后殖民主义、女性主义等翻译流派在不同程度上承继了贝尔曼的翻译伦理思想和部分重要主张，以尊重差异为核心的泛文化伦理思想得以广泛接受并在翻译实践中得以应用。功能主义目的论以及皮姆、切斯特曼等西方翻译理论家则从译者的角度对翻译职业伦理进行探索，提出了职业伦理主张，对译者的职业伦理规范进行整体性和系统性的构想。进入 21 世纪，翻译伦理问题在更大范围内备受关注，《译者》杂志 2001 年特刊题为“回归伦理”，将伦理研究的意义提升到一个新高度。

最近十余年来，在所谓“伦理转向”之后，国内译界对翻译伦理研究更是热情高涨，在西方翻译界部分学者对翻译伦理研究进入发展的平台期后，翻译伦理问题成为翻译理论界关注的焦点，我国翻译伦理研究的步子似乎迈得更大一些，也富有创新性。2001 年，吕俊首次提出构建“翻译伦理学”，之后，一些学者对此积极响应，王大智（2012）提出建构“作为翻译研究综合途径”的“翻译的伦理学研究途径”，国内核心学术期刊更是相继发表了不少专题文章，还有学者出版翻译伦理领域研究专著。随着翻译生态学研究的兴起，国内学者们大胆创新，如许建忠（2004）、胡庚申（2009）积极探索，开辟了翻译生态伦理研究。

然而，翻译伦理研究是翻译理论和实践的重要研究视角，翻译研究中涉及的具体伦理问题也是翻译研究不可回避的现实问题，但笔者并不认同翻译研究领域“伦理转向”这一提法。对于“转向”一词，一般暗含了对现在之前研究方向进行整体性的否认，意味着这一领域的学术研究会摒弃传统研究并沿着新的方向发展，在转向之后，往往会出现一种全新的统领式的或倾向性的研究与发展趋势。我们姑且不论翻译研究的“文化转向”的提法是否合理，但与翻译的文化研究相比，翻译伦理研究不论是研究的理论根基、系统构建，还是研究的广度、深度，都无法与其相提并论。更何况，在翻译研究的文化转向后的翻译研究，语言层面的研究也从未停止前进的步伐。事实上，到目前为止，翻译的伦理研究的成果只能说是翻译发展史上的沧海一粟，更谈不上“转向”。在进行翻译研究时，对于“转向”一词应慎用，我们并不否认翻译伦理研究的成果和意义，但其他翻译理论的贡献对于翻译研究的繁荣与发展不可或缺，各种翻译研究视角或翻译理论的多元并存也是翻译研究合乎伦理的基本特征之一。

不仅如此，尽管译界对于翻译中存在的诸多伦理问题似乎已达成共识，有些理论似乎已具有系统性并自成一说，但离完善的距离依然很远，还有许许多多的问题远未达成一致，就连何谓翻译的“伦理”，何谓翻译研究的“伦理途径”，都很难说已有定论，诸如“伦理”“道德”等系列伦理领域的术语都没有统一的界定，将伦理学研究成果运用到翻译理论是将伦理界定为规范的伦理还是美德的伦理？我国学者提出的“伦理学综合途径”如何系统构建？如果以描写研究中的“规范”概念为核心内容来构建，那么，翻译伦理研究与西方译界已广为接受、方兴未艾的“社会学途径”翻译研究之间是什么关系？如果以德性伦理作为切入点，那么会回归到传统伦理学以“德性”概念为核心的言说方式，德性伦理学的理论根基和资源就应该成为“翻译伦理”范畴下重要的内容，相关研究人员可以此进行翻译伦理研究的重新构建。但遗憾的是，这一理论视阈在翻译界目前还较少有人关注，这或许是造成我国“伦理学研究途径”还不能获得更广泛的接受的核心原因，也是国内很多研究者在翻译伦理研究方面方向不清、繁杂凌乱的主要原因。

当然，尽管目前翻译伦理研究中存在翻译伦理概念模糊、内容不清、系统构建不足、理论与实践脱节等一系列较为突出的问题，但我们依然无法否认翻译伦理研究的巨大成绩和相关理论系统构建所闪耀的光芒。目前，翻译伦理研究存在问题是正常的，这是任何一种新的理论研究必然要经历的过程，也是我们要朝着这个方向不断前进的理由。对于翻译伦理研究最终能否成为“学”或是一种“综合途径”，现在去进行一个预判还为时过早，也不可能给出一个定论。但有一点可以肯定，随着翻译界对伦理问题的认识不断加深，将有更多学者加入到翻译伦理的探讨中，探讨“伦理学研究途径”的可能性。至少有一点我们可以相信，翻译作为具有悠久历史的社会实践活动之一，必然是一项复杂的人际间和文化间的伦理活动，翻译活动中存在的各种负责的伦理关系也决定了翻译的伦理属性。在翻译研究的文化转向以后，翻译伦理成为了翻译研究的热点问题，翻译的伦理关系异常复杂，包括译者、读者、原作者、翻译赞助人以及翻译评论者等各种翻译主体，也就必然存在各翻译主体的伦理和责任。作为翻译职业，译者处于伦理关系的核心，更需要遵守一定的伦理规范和职业道德。在关于译者的具体伦理内涵与伦理原则方面，西方学者提出的理论体系内部也有矛盾，我国学者虽有探索，但缺乏系统构建，更没有达成共识。

鉴于以上诸多原因，笔者在过去的一段时期内，对翻译伦理方面的研究比较关注，前些年也对翻译伦理领域一些具体的现象和问题进行了粗浅的探索，现在将之前的探索和撰写本书时对翻译伦理研究所进行的一些反思串在一起。在探索的过程中，笔者发现，由于“翻译伦理”概念牵涉面太广、可供借鉴的伦理学研究成果太多，国内外翻译伦理研究的视角、层次、范围纷繁复杂，仅仅是筛选和评估庞杂的文献都是一个非常艰巨的任务，更由于时间、学识、能力等因素的局限，不敢奢望提出能够对所有相关论述的全面而合理的阐述，也不敢提出比较系统的翻译伦理研究的构想。本书的重点主要在于对当前翻译伦理研究的一些核心观点和思想进行初步的梳理，对各翻译研究流派或翻译思想中的伦理进行分析，对当前研究中存在的一些问题进行反思，主要目的在于为国内翻译伦理研究的系统构建或翻译伦理学研究途径的探索提供一点参考。为方便起见，现对本身的核心内容进行归纳、总结。

本书共有 7 章，主要内容总结如下：

第 1 章：首先对翻译伦理问题研究的起源进行追溯，分析语文学研究、语言学研究两种传统翻译研究范式的缺陷，文化研究的出现以及存在的危机与问题，指出翻译伦理问题研究出现的必然性及其哲学基础，对翻译伦理研究的具体内涵、翻译的伦理属性和伦理维度进行阐述。

第 2 章：回顾总结当前国内外翻译伦理研究的现状，从翻译策略、翻译主体、研究范式、伦理构建 5 个层级进行梳理，对国内翻译伦理问题研究从西方翻译伦理的译介与反思、翻译伦理学构建、国内外翻译伦理研究成果应用三个层面进行概述。

第 3 章：从伦理角度对传统翻译研究中的语文学研究、语言学研究以及从语言学研究过渡到文化研究的多元系统论进行分析，总结其伦理特征及其基本的伦理思想。

第 4 章：从翻译研究的文化转向入手，分析翻译文化研究的翻译伦理诉求及翻译理论的伦理走向，重点分析了解构主义的差异伦理、后殖民主义的政治伦理、女性主义的性别差异伦理三种具有代表性的翻译伦理思想。

第 5 章：由翻译研究的文化语境下译者主体性研究的崛起引发对译者伦理的关注，指出翻译研究对译者主体性制约的必要性，从尊重差异的伦理思想、基于文化间性翻译伦理以及基于翻译规范的伦理三个层面对译者进行伦理制约。

第 6 章：全球化格局下文化的矛盾与冲突是翻译跨文化伦理无法回避的现实，翻译文化伦理研究的出路首先在于对文化霸权的批评，本章从交往的伦理、文化间性、文化伦理原则、文化“杂合”几个方面探讨如何走出困境。

第 7 章：针对当前我国翻译伦理研究中存在的争议和问题，以专题的方式对翻译“忠实”问题、归化与异化、译者伦理的价值、翻译伦理的困惑、伦理底线几个核心的问题进行反思，并提出解决问题的思路与建议。在本章最后一个小节，笔者从翻译生态学的角度重点探讨了翻译伦理问题。

随书笔记

随书笔记